U0743289

2021 年教育部第二批产学合作协同育人项目：基于思政理念的施工组织设计课程"课证岗"一体化建设（编号：202102193001）

2022 年山东理工大学本科教学研究与改革项目：《建筑施工》课程思政教育教学改革

装配式建筑产业链系统构建及可靠性研究

王文静　著

北　京

冶 金 工 业 出 版 社

2023

内 容 简 介

本书共分八章，主要内容包括绪论、装配式建筑产业链可靠性相关概念及理论基础、基于信息化技术的装配式建筑产业链构建、装配式建筑产业链事前可靠性设计、装配式建筑产业链事中可靠性评估、装配式建筑产业链事后可靠性分析、装配式建筑产业链可靠性管理、结论与展望。

本书可供建筑行业从业人员阅读，也可供高等院校相关专业师生参考。

图书在版编目（CIP）数据

装配式建筑产业链系统构建及可靠性研究／王文静著 . —北京：冶金工业出版社，2023.7

ISBN 978-7-5024-9565-7

Ⅰ.①装… Ⅱ.①王… Ⅲ.①建筑业—产业链—可靠性—研究—中国 Ⅳ.①F426.9

中国国家版本馆 CIP 数据核字（2023）第 123712 号

装配式建筑产业链系统构建及可靠性研究

出版发行	冶金工业出版社	**电　话**	（010）64027926
地　址	北京市东城区嵩祝院北巷 39 号	**邮　编**	100009
网　址	www.mip1953.com	**电子信箱**	service@ mip1953.com

责任编辑　俞跃春　杜婷婷　美术编辑　吕欣童　版式设计　郑小利
责任校对　李欣雨　责任印制　窦　唯
北京建宏印刷有限公司印刷
2023 年 7 月第 1 版，2023 年 7 月第 1 次印刷
710mm×1000mm　1/16；9.75 印张；156 千字；143 页
定价 78.00 元

投稿电话　（010）64027932　投稿信箱　tougao@cnmip.com.cn
营销中心电话　（010）64044283
冶金工业出版社天猫旗舰店　yjgycbs.tmall.com
（本书如有印装质量问题，本社营销中心负责退换）

前　　言

　　装配式建筑是建筑行业建造方式的革新，也是我国建筑业转型升级的重要途径，更是推进建筑业节能减排的重要切入点，作为提升建筑工业化水平的重要载体，装配式建筑将迎来前所未有的发展机遇。但目前我国装配式建筑的发展尚处于探索发展的初级阶段，还存在很多不足，其中产业链的不完善是影响装配式建筑发展的主要阻力。基于此，本书以装配式建筑为研究对象，基于产业链理论和可靠性理论，结合装配式建筑自身特点，界定了装配式建筑和装配式建筑产业链的概念。从全生命周期角度审视装配式建筑产业链，将装配式建筑产业链总结为决策与研发、设计、生产制造、施工装配、运营维护五大链节，其参与主体包括政府、建设单位、设计单位、预制构件厂、供应商、施工单位、顾客消费者，分析装配式建筑产业链各参与主体的工作内容和角度定位，将 BIM 等信息技术作为信息载体，通过过程协同、目标协同、主体协同等构建路径，建立了基于 BIM 等信息技术的多主体协同的装配式建筑产业链结构。

　　装配式建筑产业链是一个复杂系统，其可靠性受到来自外部环境和系统内部的影响，本书从装配式建筑产业链事前可靠性设计、事中可靠性评估和事后可靠性分析三个章节对装配式建筑产业链的可靠性进行了论述。事前可靠性设计包括可靠的装配式建筑产业链合作伙伴的选择和可靠的装配式建筑产业链利益分配机制两部分。利用初选-精选-优化组合三阶段模型，确定装配式建筑产业链合作伙伴选择的优化组合；利用修正 Shapley 模型明确装配式建筑产业链各利益主体的利益分配。事中可靠性评估，利用 DEMATEL 方法筛选可靠性评估指标，通过检验，剔除不符合要求的指标，保留有效指标，依据专家对各指标的打分，利用层次分析法和熵权法综合确定各指标权重，借助 SPSS 软件，通过信度和效度检验，确定各指标对装配式建筑产业链可靠性的影响程度。事后可靠性分析以 A 地区装配式建筑项目为例，构建装配式建筑产业链流程图，建立系统 GO 图，通过 GO 法操作符定量计算，计算装配式建筑产业链可靠度结果。通过装配式建筑产业链可靠性的评价，判断装配式建筑产业链的运行情况，提出有针对性的装配式建筑产业链可靠性管理建议。

本书是依据 2021 年教育部第二批产学合作协同育人项目：基于思政理念的施工组织设计课程"课证岗"一体化建设（项目编号：202102193001），2022 年山东理工大学本科教学研究与改革项目：《建筑施工》课程思政教育教学改革编写而成的。

本书在撰写过程中，参考了有关文献资料，在此向文献资料作者表示感谢。

由于作者水平所限，书中不妥之处，希望读者批评指正。

作　者
2023 年 3 月

目　　录

第一章 绪 论

第一节 选题背景和研究意义

一、选题背景

随着 21 世纪建筑业可持续发展理论的深化，传统的以现场浇筑为主的建造方式已经不能满足我国建筑业可持续发展的要求。而装配式建筑因其绿色环保、节能降耗等优势特点被推上了建筑业发展的新舞台，成为建筑业转型升级的重要途径。

（一）国家政策推动装配式建筑发展

从 2013 年国务院转发《绿色建筑行动方案》开始，特别是 2015 年以后，我国从国家层面密集出台一系列政策推动装配式建筑的发展，见表 1.1 和表 1.2。

表 1.1 2016—2018 年国务院出台的关于装配式建筑的政策

日期	发布单位	文件名称	文件主要内容
2016 年 2 月	国务院	中共中央国务院关于进一步加强城市规划建设管理工作的意见	发展新型建造方式，大力推广装配式建筑。力争用 10 年左右时间，使装配式建筑占新建建筑的比例达到 30%。积极稳妥推广钢结构建筑。在具备条件的地方，倡导发展现代木结构建筑
2016 年 3 月	国务院	国务院关于落实《政府工作报告》重点工作部门分工的意见	加强城市规划建设管理。积极推广绿色建筑和建材，大力发展钢结构和装配式建筑

日期	发布单位	文件名称	文件主要内容
2016 年 9 月	国务院	关于大力发展装配式建筑的指导意见	大力发展钢结构、混凝土等装配式建筑；以京津冀、长三角、珠三角城市群和常住人口超过 300 万的其他城市为重点，提高装配式建筑占新建建筑的比例
2016 年 9 月	国务院	国务院办公厅关于大力发展装配式建筑的指导意见	其余城市为鼓励推进地区，因地制宜发展装配式混凝土结构、钢结构和现代木结构等装配式建筑
2017 年 2 月	国务院	关于深化工程建设标准化工作改革的意见	对标国际先进标准，提高建筑设计和建设水平，推广智能和装配式建筑
2017 年 9 月	国务院	国务院办公厅关于促进建筑业持续健康发展的意见	坚持标准化设计、工厂化生产、装配化施工、一体化装修、信息化管理、智能化应用，推动建造方式创新，大力发展装配式建筑
2018 年 6 月	国务院	《打赢蓝天保卫战三年行动计划》国发（2018）22 号	提到"2018 年底前，各地建立施工工地管理清单。因地制宜稳步发展装配式建筑"

注：资料来源于建筑前沿微信公众号。

表 1.2 2016—2018 年住房和城乡建设部（以下简称住建部）
出台的关于装配式建筑的政策

日期	发布单位	文件名称	文件主要内容
2016 年 12 月	住建部	住房城乡建设部关于印发装配式混凝土结构建筑工程施工图设计文件技术审查要点的通知	编制并印发《装配式混凝土结构建筑工程施工图设计文件技术审查要点》

续表 1.2

日期	发布单位	文件名称	文件主要内容
2017 年 1 月	住建部	对十二届全国人大五次会议第 6697 号建议的答复	组织编制了《装配式混凝土结构建筑技术标准》《装配式钢结构建筑技术标准》《装配式木结构建筑技术标准》3 项国家标准，并于 2017 年 6 月正式实施
2017 年 3 月	住建部	住房城乡建设部关于印发《"十三五"装配式建筑行动方案》《装配式建筑示范城市管理办法》《装配式建筑产业基地管理办法》的通知	制定了《"十三五"装配式建筑行动方案》《装配式建筑示范城市管理办法》《装配式建筑产业基地管理办法》
2017 年 4 月	住建部	住房城乡建设部关于发布行业标准《装配式劲性柱混合梁框架结构技术规程》的公告	批准《装配式劲性柱混合梁框架结构技术规程》为行业标准，编号为 JGJ/T 400—2017，自 2017 年 10 月 1 日起实施
2018 年 1 月	住建部	装配式建筑评价标准 2 月起实施	《装配式建筑评价标准》为国家标准，编号为 GB/T 51129—2017，自 2018 年 2 月 1 日起实施。原国家标准《工业化建筑评价标准》GB/T 51129—2015 同时废止
2018 年 3 月	住建部	住房城乡建设部建筑节能与科技司关于印发 2018 年工作要点的通知	积极推进建筑信息模型（BIM）技术在装配式建筑中的全过程应用，推进建筑工程管理制度创新，积极探索推动既有建筑装配式装修改造，开展装配式超低能耗高品质绿色建筑示范

注：资料来源于建筑前沿微信公众号。

　　2017 年 11 月，住房城乡建设部认定了 30 个城市和 195 家企业为第一批装配式建筑示范城市和产业基地。示范城市分布在东、中、西部，装配式建筑发展各具特色；产业基地涉及 27 个省（自治区、直辖市）和部分央企，产业类型涵盖设计、生产、施工、装备制造、运行维护、科技研发等全产业链。在试点示范的引领带动下，装配式建筑逐步形成了全面推进的工作格局。

　　2017 年 12 月 15 日，住房城乡建设部举行"推进装配式建筑平稳健康发展"新闻发布会。住房和城乡建设部建筑节能与科技司司长苏蕴山介绍，我国正在全面推进装配式建筑发展。截至目前，有全国 31 个省（区、市）出台了装配式建筑专门的指导意见和相关配套措施，不少地方更是对装配式建筑的发展提出了明确要求。越来越多的市场主体开始加入装配式建筑的建设大军中，整体发展态势已经形成。

为响应政策号召，各地积极推进装配式建筑项目落地，新建装配式建筑规模不断壮大。据统计，2015 年全国新建装配式建筑面积为 7260 万平方米，占城镇新建建筑面积的比例为 2.7%。2016 年全国新建装配式建筑面积为 1.14 亿平方米，占城镇新建建筑面积的比例为 4.9%，比 2015 年同比增长 57%。2017 年全国新建装配式建筑面积已经达到 1.524 亿平方米，随着我国建筑工业化程度的进一步提高，装配式建筑行业将会继续呈良好发展态势，2018 年底我国装配式建筑面积达 1.9 亿平方米，如图 1.1 所示。可以预见，未来几年装配式建筑将迎来井喷式发展。

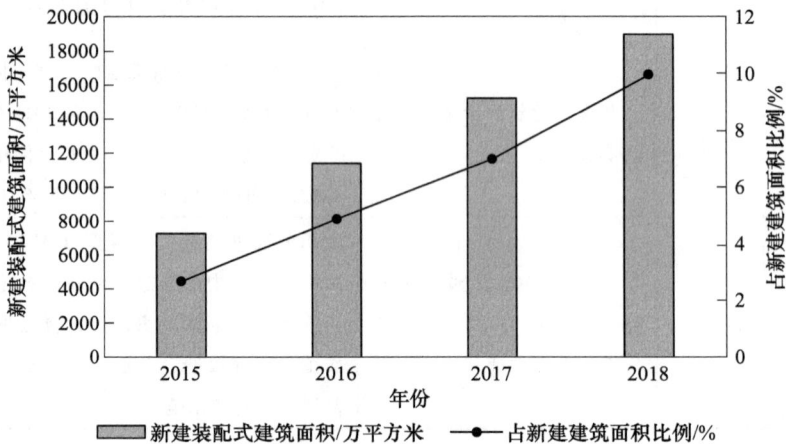

图 1.1　2015—2018 年新建装配式建筑面积及占比情况统计及预测

（资料来源：根据住建部公开发布资料整理）

（二）产业链不成熟限制了装配式建筑的进一步发展

近年来，尽管在政府政策的大力推动下，我国装配式建筑的发展取得了积极进展，并设立了一些试点城市和产业基地，但现阶段我国装配式建筑尚处于探索发展的初级阶段，还存在一些不确定因素，需要一个总结完善的过程，使装配式建筑稳步进入规模化、标准化的发展阶段。

对已有建设装配式建筑项目经验的开发商进行数据统计显示，开发商认为制约装配式建筑发展的阻力主要有：技术不成熟、上下游产业不健全，标准不健全，成本增加和设计施工一体化管理难度增大等如图 1.2 所示。在这些制约因素中排第一位的就是产业链不成熟，目前国内的装配式建筑产业，由于市场尚处于培育期，对预制构件的需求较少，尚未形成足够大的市场规模，因此，上下游配套产业链还远不成熟，满足装配式建筑需求的产品、部品（如 PC 构件、钢筋连接套筒、防水胶条、密封胶等）的生产厂家还比较少，可供选择的产品范围还不大。产业链上设计、PC 深化、构件制作、配套材料生产、施工企业等资源跟不上市场扩容的步伐，产业链需要不断完善。

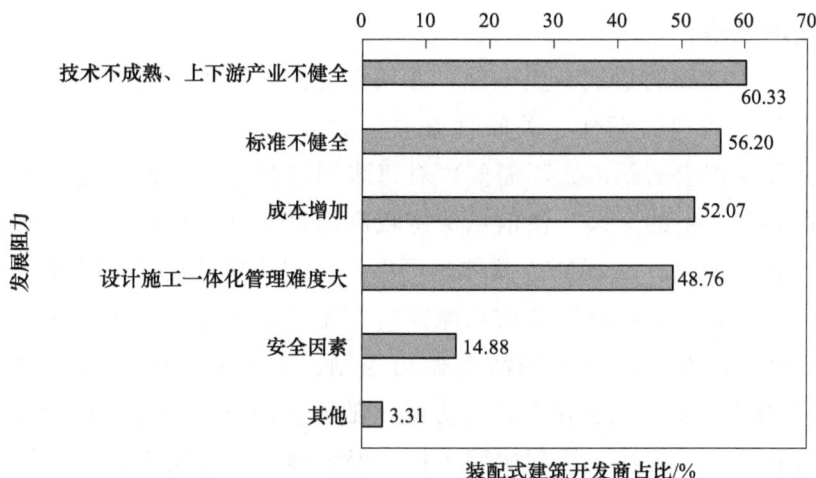

图 1.2　制约装配式建筑发展的阻力

（资料来源：优采大数据平台）

再有"设计施工一体化管理难度大"也是主要因素。这与我国现存的建筑项目管理模式有关。目前我国装配式建筑的建设管理模式还是以传统的项目管理为主，建筑产品的生产过程被人为地分隔开，技术研发、规划设计、建筑安装、市场销售、物业管理、拆除与报废等产业链上各节点企业各自为政，企业之间相互割裂，在建筑的全生命期中信息共享及协同工作困难，不能充分发挥企业耦合一体化的协同效应。

此外，目前装配式建筑的建造成本要高于传统的现浇结构[1]，主要高在预制构件的生产、运输和安装上（段瑞佳等，2017）。较高的建设成本大大降低了开发企业的参与积极性，大部分建设单位更倾向于投资传统现浇项目。另外，人们对于装配式建筑的认知度较低。目前人们对装配式建筑还不甚了解，对它的质量、安全等方面还持有怀疑的态度，很多人更愿意购买传统现浇建筑，装配式建筑缺乏市场的需求，以至于难以持续高速发展。这些都限制了装配式建筑的规模化发展。

（三）BIM 等信息技术的发展为装配式建筑产业链的构建和完善提供了技术支撑

装配式建筑的发展离不开产业链各参与主体的协作，而信息共享不畅是导致装配式建筑产业链各参与主体不能及时联系、紧密协作的主要原因，阻碍了装配式建筑产业链的发展。而 BIM 技术的出现为解决信息共享困难提供了一个新的思路。

以 BIM 为基础的建筑专业软件，在项目设计阶段可以直接进行三维可视化设计，并能实现协调性、关联性修改。如果工程发生变更，只需修改一处，就会关联相应的图纸，不需要再对每张图进行一一修改，避免了由于各专业协调问题产生的失误，使信息保持较高的透明度和可操作性，实现信息的共享和共同管理。以 BIM 为载体，可以将装配式建筑产业链各参与主体的信息整合在一起，上游阶段的信息能及时、无损地传递到下游阶段，而下游的信息反馈又能对上游的工程活动做出控制，真正实现各参与方的协同工作。运用 BIM 技术，能够使各参与方随时随地在协作平台上进行项目上的沟通，进行各种文件传递，实现协同工作、保证信息能够有效共享、保证文件能够及时有效传递，从而提高工程质量、降低工程成本，实现全寿命周期的管理。

二、研究意义

（一）为装配式建筑的发展提供理论支撑

根据前文提到的产业链不成熟限制了装配式建筑的发展，本文围绕装配式建筑上下游企业，基于 BIM、RFID 等信息化技术，协同产业链各参与方，建立了基于信息化平台的装配式建筑产业链结构。产业链中合作伙伴的优选及节点企业利益的分配问题都给出了具体的理论操作方法。分析确定了可靠性指标，并进行了可靠性评价，为实现多方协同，信息共享，提升产业发展质量，为我国装配式建筑产业实践提供基本的理论依据。

（二）有利于装配式建筑产业链的可靠运作

目前国内外关于可靠性的研究主要集中在制造业和物流服务供应链方面，在建筑供应链方面，研究大多侧重于供应链的绩效评价和供应链综合管理，针对装配式建筑产业链可靠性的研究较少。本书对装配式建筑产业链的可靠性进行了详细的研究。分为事前的可靠性设计、运作过程中的可靠性评估和后期运维阶段的可靠性分析，较全面地保证了装配式建筑产业链的可靠运作。

第二节　装配式建筑国内外发展及研究现状

一、装配式建筑的发展现状

（一）国外发展现状

西方发达国家的装配式建筑已经发展到了相对成熟、完善的阶段。其中，法国、英国、德国、美国、日本、新加坡是最具典型性的国家。

1. 欧洲以法国、德国、英国、瑞典等为代表

法国是世界上最早推广装配式建筑的国家之一，预制混凝土结构的使用已经历了130余年的发展历程。法国的装配式住宅多采用框架结构或者板柱体系，其中预应力混凝土装配式框架结构体系，装配率可达80%。装配式建筑的焊接、螺栓连接等均采用干法作业，结构构件与设备、装修工程分开，减少预埋，生产和施工质量高[2]。近年来，法国混凝土工业联合会和法国混凝土制品研究中心把全国近60个预制厂组织在一起，由他们提供产品的技术信息和经济信息，编制出一套G5软件系统。这套软件系统把遵守同一模数协调规则、在安装上具有兼容性的建筑部件（主要是围护构件、内墙、楼板、柱和梁、楼梯和各种技术管道）汇集在产品目录中。采用这套软件系统，可以把任何一个建筑设计转变为用工业化建筑部件进行设计而又不改变原设计的特点，尤其是建筑艺术方面的特点。

德国主要采用叠合板剪力墙结构体系，目前已发展成系列化、标准化的高质量、节能的装配式住宅生产体系。剪力墙板、梁、柱、楼板、内隔墙板、外挂板、阳台板、空调板等构件采用预制与现浇混凝土相结合的建造方式，并注重保温节能的特性。现在，德国几乎所有的建筑部件和装修材料，都是根据设计要求在工厂预制完成的，施工现场是全组装式施工方式。承重砼部件、内隔墙、屋顶、天花板、楼梯等建筑部件，在工厂预制时，均被编上代码。这些代码，在项目资料中，都有详细说明。当工地安装需要时，再将有关部件运至工地，采用吊车或塔吊进行吊装、就位和固定。

英国采用非现场建造方式（Off-site Construction），这是一种将现场施工的工程量低于完工建筑价值40%的建造方式。其技术体系主要包括木结构体系、钢结构大体积模块化建造体系和高层模块化建筑体系。英国非现场建造方式的发展历史可以追溯到20世纪初，第一次世界大战结束后，住宅严重短缺，需要新的建造方式来解决问题，1918—1939年预制装配式建筑成为新的选择。第二次世界大战结束后，1945年英国政府发布白皮书，重点发展工业化制造能力，促进建筑预制化的发展，建造了大量装配式建筑。20世纪50—80年代，英国建筑行业朝着装配式建筑方向蓬勃发展，产生了多种装配式结构，预制木结构应用广泛，占新建建筑的30%左右。20世纪90年代，英国住宅数量问题已基本解决，开始追求住宅品质，公有开发公司和私人住宅建筑商着手发展装配式建筑。21世纪初期，英国非现场建造方式成为行业主流建造方式，2009年建筑、部件和结构每年的产值为20亿~30亿英镑，约占整个建筑行业市场份额的2%，占新建建筑市场份额的3.6%，并以每年25%的比例持续增长，预制建筑行业发展前景良好[3]。

瑞典在20世纪50年代开发了大型混凝土预制板的建筑体系，并逐步发展为以通用部件为基础的通用体系。目前新建住宅中，采用通用部件的占到了80%以上，是世界上第一个将模数法制化的国家。丹麦也是推行通用"产品设计目录"为中心的通用体系，同时比较注意在通用化的基础上实现多样化。

2. 北美以美国等为代表

美国的装配式建筑起源于20世纪30年代的汽车房屋，发展于20世纪50年代的生产工业化住宅，盛行于20世纪70年代的制定行业规范标准。其发展历程如图1.3所示。

1930年 -

起步阶段

作为车房的一个分支业务而存在,
为选择迁移/移动生活方式的人们提供一个住所

1950年 -

快速发展

第二次世界大战结束后,由于住宅紧缺,部分人将车房转变为一种
永久性的住宅形式,并努力提高这种住宅的质量,但从全国范围来
看,这种住宅的质量水平参差不齐

1974年 -

法律出台、标准化

通过工业化住宅建筑安全相关法规,产生HUD标准,工业化住宅
有法律可循,向标准化方向前进

1990年 -

行业整合、产业化

20世纪90年代,产业结构进行调整,整合加剧,大型工业化住宅
公司收购零售公司和金融服务公司,同时本地的金融巨头也进入
工业化住宅市场

2000年 -

通过工业化住宅改进法律,明确住宅安装的标准和安装企业的责任

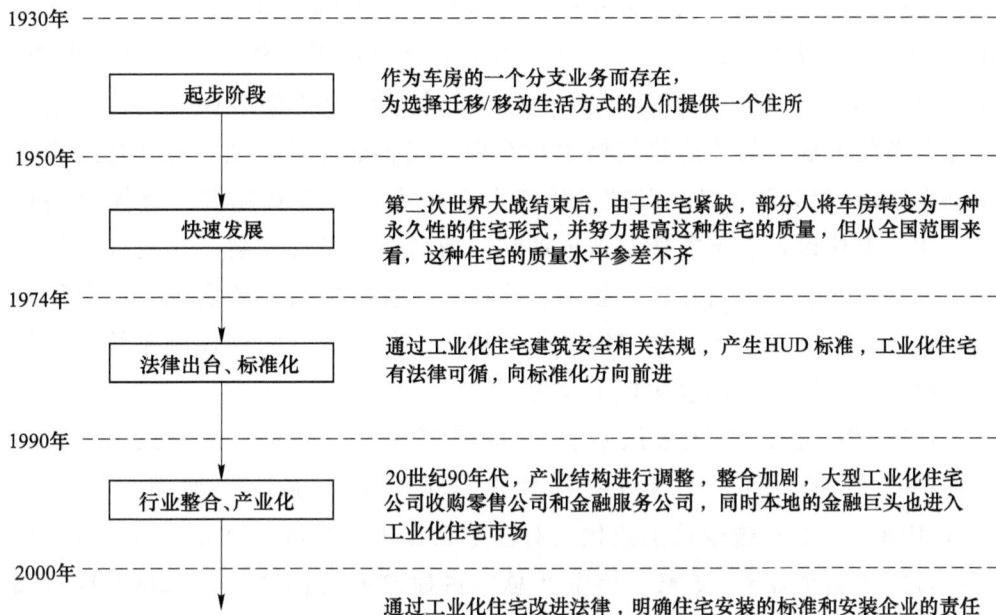

图 1.3 美国工业化住宅发展历程
(资料来源:建筑工业化装配式建筑网)

美国的装配式建筑市场化程度较高,用户可以直接向预制构件公司按需求购买各种预制构件,构件公司提供方案设计及上门安装服务。除了注重质量,更注重提升美观、舒适性及个性化。近年来美国的装配式建筑得到了稳步的发展,市场规模不断在扩大。现在每16个人中就有一个人居住的是装配式住宅,并成为非政府补贴的经济适用房的主要形式。

3. 亚洲以日本、新加坡为代表

日本是世界上率先在工厂里生产住宅的国家。其住宅产业化发展从1966年到2000年经历了七个五年计划,每一阶段都提出了明确的基本设想和计划目标。日本从1932年开始研究住宅产业化,1968年提出了住宅产业的概念和推进住宅产业的设想。20世纪70年代是日本住宅产业的成熟期,大企业联合组建集团进入住宅产业。1990年开始采用部件化、工厂化的生产方式,不仅生产效率高,住宅内部结构也可以适应多样化的需求。此时,日本采用产业化方式生产的住宅已占竣工住宅总数的28%。在此期间建造的预制混凝土结构经受了1998年阪神7.3级大地震的考验。

在住宅标准化方面,日本各类住宅部件(构配件、制品设备)工业化、

社会化生产的产品标准已十分齐全，占标准总数的80%以上，部件尺寸和功能标准也已形成体系；在住宅部件化方面，全套的卫生洁具（浴缸、坐厕、洗脸盆）、地板、墙面，在工厂生产的一个个整体部件组装而成；在住宅智能化与节能方面，新建的建筑物中60%以上是智能化的；住宅的建造通常采用新型的绿色节能材料，以减少采暖降温的费用、节省能源。整体卫浴设备、厨房整体设备、干式架空地板铺装、新型轻钢龙骨安装、建具（门、门套、窗、窗套、门厅组合柜、楼梯、收纳柜、收纳柜门）等实现工厂化标准模式生产；同层排水系统、卫浴节水系统、地热系统、墙面保温系统、太阳能发电系统等节能系统也实现了完善。

新加坡装配式建筑的发展始于20世纪70年代。当时，装配式工程技法仅使用在预制管涵、预制桥梁构件上。80年代早期，新加坡建屋发展局（HDB）开始实施建筑工业化，对住宅工程进行装配式建造。90年代初，新加坡的预制企业有12家，年生产总额占建筑业总额的5%。2001年新加坡对所有新建项目执行"建筑物易建性评分"规范，以法规的形式推动建筑工业化发展。目前新加坡装配式建筑的发展较为成熟，预制构件包括梁、柱、剪力墙、楼板（叠合板）、楼梯、内隔墙、外墙（含窗户）、走廊、女儿墙、设备管井等。大约90%的新加坡人住进了装配式政府组屋。新建组屋的装配率达到70%以上，部分组屋装配率达到90%以上[4]。

综上所述，发达国家和地区装配式住宅发展大致经历了三个阶段：第一阶段是工业化形成的初期阶段，重点建立工业化生产（建造）体系；第二阶段是工业化的发展期，逐步提高产品（住宅）的质量和性价比；第三阶段是工业化发展的成熟期，进一步降低住宅的物耗和环境负荷，发展资源循环型住宅。发达国家的实践证明，利用工业化的生产手段是实现住宅建设低能耗、低污染，达到资源节约、提高品质和效率的根本途径。

（二）国内发展现状

1. 我国装配式建筑发展历程

我国建筑业已经走过近60年曲折的发展历程，建筑工业化致力于生产过程的标准化，越来越多地把施工现场工作转移到工厂或车间；也致力于提高劳动生产率，改善建筑施工工作条件。伴随着建筑技术的不断发展，对建筑工业化定义的逐步明确，以及建筑工业化发展采取政策的不断演化，可以将我国建筑工业化的发展分为以下五个发展阶段,如图1.4所示。

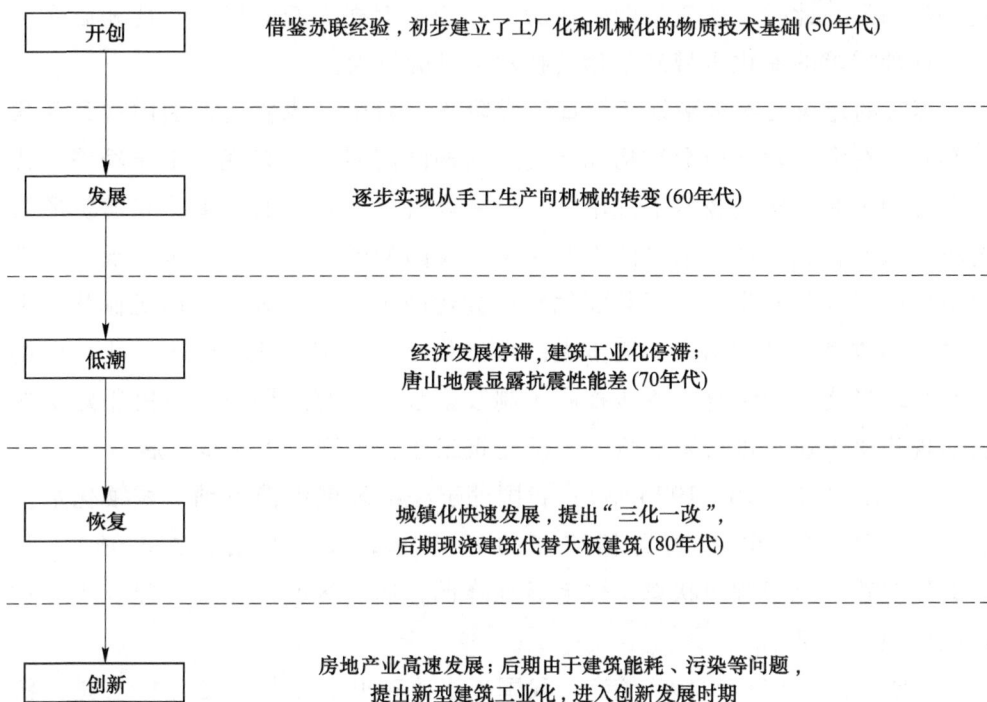

开创	借鉴苏联经验,初步建立了工厂化和机械化的物质技术基础(50年代)
发展	逐步实现从手工生产向机械的转变(60年代)
低潮	经济发展停滞,建筑工业化停滞; 唐山地震显露抗震性能差(70年代)
恢复	城镇化快速发展,提出"三化一改", 后期现浇建筑代替大板建筑(80年代)
创新	房地产业高速发展;后期由于建筑能耗、污染等问题, 提出新型建筑工业化,进入创新发展时期

图1.4 我国装配式建筑发展历程

(资料来源:根据公开资料整理)

第一阶段(1949—1957年):我国处在经济恢复和国民经济的第一个五年计划时期。在这个时期,计划经济、福利和公有住房体制逐步形成,城镇化水平健康、有序发展,城镇化率从1949年的10.6%提高到1957年的15.39%,平均每年增加0.63%。当时,在苏联工业化的影响下,我国的建筑工业化主要是借鉴苏联的经验。1955年,面对国内工业建设任务越来越大、技术要求越来越高的情况,原建工部借鉴苏联经验,第一次提出要实行建筑工业化,在建筑科学研究、建筑施工技术装备及建筑工业生产布局等方面采取了一系列措施,有力地推动了建筑工业化的发展,经过努力,初步建立了工厂化和机械化的物质技术基础,为今后的建筑工业化的发展打下了坚实的基础。

第二阶段(1958—1965年):我国处于"大跃进"和国民经济调整时

期，国家经济出现下滑，城镇化水平从 1958 年的 16.25% 提高到 1965 年的 17.98%，平均每年只增长 0.22%。随后我国进行经济调整，福利住房体制进一步加强，此时，建筑工业化住房设计开始重视人们的居住实情和居住需求，这种需求的变化也带来了建筑技术水平的发展。

当时的建筑技术水平处于孕育形成阶段。新中国成立后，国内受到苏联的影响，在大力发展砖混结构和混凝土结构的同时，在客观上由于经济、技术条件的限制，建筑技术手段单一，带来建筑技术处理的简单化和建筑形式的单一状况。随着技术水平的不断完善，我国的建筑工业化逐步实现从手工向机械的转变，初步形成了装配化和机械化施工的技术政策，即机械化、半机械化和改良工具相结合，逐步提高机械化水平，工厂化、半工厂化、现场预制和现场浇灌相结合，逐步提高预制装配程度。与此同时，对民用建筑如何实现建筑工业化进行了探索，我国建筑工业化得到了进一步发展。

第三阶段（1966—1976 年）：我国处于经济发展停滞不前。城镇化水平从 1966 年的 17.86% 提高到 1978 年的 17.92%，12 年只增加了 0.06%。我国的住宅建设处于搁浅状态，住宅标准降低，居住区密度提高，建筑工业化发展出现"停滞"。

第四阶段（1977—1989 年）：我国处于改革开放初期，工作中心是经济恢复和发展，并开始住房投资、住房建设体制和住房分配制度的改革。城镇化进入快速发展阶段，住宅建设开始关注居住标准，改善住宅功能和住宅设计标准化和多样性，我国就建筑工业化开展成体系的、富有成效的探索。

1978 年，国家基本建设委员会（现为：住房和城乡建设部）先后召开了香河建筑工业化座谈会和新乡建筑工业化规划会议，明确指出"建筑工业化就是用大工业生产方式来建造工业民用建筑"，提出以"三化一改"（建筑设计标准化、构件生产工厂化、施工机械化和墙体改革）为重点发展建筑工业化，并且确定在常州、南宁试点，先在这两个城市推行建筑工业化，并准备将经验向全国推广。

1981 年，全国召开建筑工业化经验交流与学术讨论会，充分肯定了建筑工业化方向，全面总结了 20 世纪 70 年代下半期以来发展建筑工业化的成效和经验。20 世纪 80 年代初，全国大中城市开始兴建大板建筑，北京、辽宁、江苏、天津等地建起了墙板生产线，全国二十几个大中型城市的预制混凝土构件生产企业都在积极研究、开发新型墙板。大板建筑的建造速度比较快，房型比较标准，比较规整。在我国已有了相当的水平，实现了生产工艺的机械化、半自动化。但由于大板建筑存在一定的不足，1985年以后，随着房地产业的快速发展，现浇建筑逐渐代替了大板建筑。

第五阶段（1990年至21世纪前）：进入20世纪90年代以后，我国房地产业高速发展。商品住房开始走进人们的生活，国家开始逐步取消福利分房政策，人们对住宅的需求加大，对住宅设计要求多样化与个性化，并对建筑住宅的质量提出更高层次的要求，这些都是建筑工业化发展的机会，但是，此时我国建筑工业化的水平不是很高，技术条件没有达到那么高的要求，建筑施工手段仍是部分非工业化的人工作业，建筑材料的整体质量与设计水平也不是很高，使得我国建筑业的经济效益出现短时间的下降。

2. 我国装配式建筑发展现状

随着我国进入社会主义市场经济时期，城镇住宅制度改革进一步深化，多种形式推动住房改革，房地产业继续发展，并成为支柱产业。住宅建设从供给驱动转向需求驱动，住房和城乡建设部推行住宅产业现代化。同时，我国建筑业取得快速发展，1998年，全国建筑业完成增加值5609亿元，比上年增长12.0%；全国四级及四级以上建筑企业实现利润总额113亿元，比上年增长2.9%；施工面积131085万平方米，比上年增加2404万平方米。房地产开发投资3580亿元，增长12.6%。房地产投资结构有所调整，经济适用房建设进程较快。全年经济适用房投资791亿元，竣工面积5506万平方米，全国房屋竣工面积58705万平方米，占全国房屋竣工面积的9.4%。

建筑需占用大量土地，在建筑和使用过程中，直接消耗的能源占到全社会总能耗的近30%，加之建材的生产能耗16.7%，约占全社会总能耗的46.7%。建筑用水占城市用水量的47%，使用钢材占全国用钢量的30%，水泥占25%。在环境总体污染中，与建筑有关的空气污染、光污染、电磁污染等就占了34%，建筑垃圾则占垃圾总量的40%。传统建筑业粗放式的生产现状，迫切需要对建筑行业进行转型升级。建筑工业化是建筑业转型升级，可持续发展的重要途径。生产建筑和绿色建筑成为建筑工业化发展的重点和热点。

如果说在20世纪50年代发展建筑工业化主要是苏联经验的借鉴，完成我国重点工业建设任务，那么在70—80年代发展建筑工业化，则是广泛借鉴了国外正反两个方面的经验，同时以民用、住宅建筑为主，从我国实际出发，沿着具有中国特色的建筑工业化发展道路，走出了富有成效的一步。进入 20 世纪 90 年代，由于经济适用房的建设、房地产业的发展以及对建筑节能环保的重视，建筑工业化的发展有了新的发展契机。当前大力发展的装配式建筑，已经不是过去大板建筑的概念，两者之间有本质的不同。在不断地技术创新和管理创新中，基于我国装配式建筑发展基础大、市场大的先天优势，再加上一带一路政策的推动，我国装配式建筑迈入新的发展期。

二、装配式建筑产业链的研究现状

(一) 国外研究现状

产业链的思想最早可追溯到亚当·斯密《国富论》中有关分工的论断，指出"工业生产是一系列基于分工的迂回生产的链条"，这是对产业链的最初表述[5]。马歇尔 (A. Marshall) 把分工扩展到企业与企业之间，强调企业间的分工协作的重要性，这可以称为产业链理论的真正起源[6]。贝恩 (Bain) 提出产业组织 SCP 理论，以"市场结构-企业行为-市场绩效"为分析框架，是现代产业链研究的理论基础[7]。

1958 年赫希曼 (Hirschman) 在《经济发展战略》一书中从产业的前向联系和后向联系的角度论述了产业链的概念[8]。

荷利汉 (Houlihan, 1988) 认为产业链是从供应商开始，经生产商或分销公司，到最终消费者的所有物流过程[9]。

史蒂文斯 (Stevens, 1989) 从系统论角度出发，将产业链看作是由供应商、制造商、分销商和消费者一起组成的系统，其中的观点是把产业链不仅仅看成是一个产品链，同时也是一个信息链和功能链，三者有效结合形成一个完整的系统[10]。

哈里森 (Harrison, 1992) 认为产业链是一种将产品从"原材料—中间产品—成品—用户"的功能网络，是一种价值增值过程[11]。

尽管产业链的思想最早来自西方经典经济学家的相关论断，并且有些西方经济学家对产业链也进行了一定的分析和解释。但是，产业链真正引起人们的关注，并得到进一步分析和研究，却是在改革开放后的 90 年代的中国，从某种意义上来说，产业链是比较具有中国特色的经济学概念[12]。鉴于产业链是中国化的名词概念，在国外，更多的学者使用的是供应链一词。

供应链是基于经济全球化和知识经济时代的到来以及在管理领域内"横向一体化"思想的兴起而形成的一条从供应商到制造商再到分销商的贯穿所有企业的"链"。由于相邻节点企业表现出一种需求与供给的关系，当把所有企业依次连接起来便形成了"供应链"[13]。

1985 年迈克·波特（Michael E. Porter）以管理学为视角提出了供应链理论，该理论后来被广泛地运用到产业链研究[5]。之后，国外学者将供应链的研究运用到食品供应链、农业、服装业、制造业等行业。如 Barkema A、Drabenstott M[15]研究了食品产业链中食品零售商、批发商、食品加工企业和牧场的关系。Yuanita Handayati、Togar M[16]等对农产品供应链的协调进行了研究，将农产品供应链协调研究分为三个重要类别，即彼此依赖关系、协调机制和方法论，给出了处理不同层次的彼此依赖性和质量要求的协调机制范围[17]。国外将产业链理论应用到具体行业和产业中的研究正在不断深化。

供应链理论在这些行业的成功应用，特别是在制造业中的应用，使得很多专家将供应链理论借鉴应用到建筑行业。建筑供应链是多样化的、复杂的。20 世纪 90 年代，Koskela 开始在建筑业应用供应链的一些思想。Xue 等将建设工程项目分成多个不同阶段，建筑供应链涉及的组织种类很多[18]。Ofori 通过结合项目实例，从建设工程项目的组织方面对建筑供应链进行分析[19]。Koolwijk 等发现供应链内各成员间的协作对于供应链整合水平的提高有很大的影响[20]。（Sertyesilisik，2016；Wong 等人，2016）在研究建筑供应链时考虑了建筑系统的结构和过程[21,22]。Behera 等（2016）研究了复杂建筑供应链管理[23]。Kundu K，Staudacher A P[24]指出由于建筑行业的高度不确定性和多变性，供应链性能在质量、交货期、生产率和成本等方面不如其他行业那么有效，并研究了影响建筑供应链合作伙伴关系的三个主要因素：精益方法、关系构建和电子商务应用。Albino 和 Berardi（2012）也强调了建筑行业固有的不确定性、不稳定性和缺乏创新。认为承包商和供应商往往不愿意开发和采用创新的方法，不愿采用供应链管理的模式，因为他们认为采用这种方法的利益被客户所独有[25]。Jack C P Cheng，Kincho H Law[26]等提出了一个基于供应链运作参考模型（SCOR）的面向服务框架，通过这个可以有效地对建筑供应链进行绩效监控。M. Agung Wibowo 使用 SCOR 模型衡量了道路工程项目的供应链绩效[27]。Geoffrey H Briscoe，Andrew R J Dainty[28]等认为客户是绩效改善和创新的关键驱动力，是实现供应链整合的最重要因素。Ville Hinkka, Jaakko Tätilä[29]针对建筑供应链特定设计和现场临时作业的特点，建立了面向技术贸易和建筑行业的 RFID 跟踪实现模型。

从目前的研究来看，国外学者对于建筑供应链的研究探索主要是在供应链管理上，比如绿色供应链管理，优化供应链的结构，供应链绩效评价，供应链整合等，而关于建筑供应链可靠性的研究较少。

在装配式建筑产业链方面，国外学者也是注重将其他行业比较成熟的技术应用到装配式建筑产业链中，以提高建设的效率和质量。近年来信息技术越来越多地用于装配式建筑产业链信息流与供应流，将 BIM 技术与物联网相结合，利用射频识别（RFID）技术、虚拟现实（VR）技术和云计算，实现预制构件从生产、运输到装配的可视化和可追溯性功能，实时监督施工进度和近似成本信息[30]。文献［31-33］指出利用 RFID 技术和 GPS 系统能有效跟踪建筑供应链中的组件，建立整个供应链的信息连接，创造供应链中预制构件零库存的可能性。

Javier Irizarry 建立了一个自动化的系统，它集成了无线射频识别（RFID）和全球定位系统（GPS）技术，二者联合可以消除劳动密集型数据收集和跟踪资源视线距离的限制，不仅能够提供在建筑工地自动跟踪，也允许实时跟踪预制构件的运输信息[34]。Ani Saifuza 提出，首先应该实现建筑设计和工业化生产的信息集成，通过设计模型可以直接使用最新的建筑设计数据并自动计算建筑元素的生产所需材料数量，这将提高预制生产过程的规划和组织。其次，现场项目管理和项目信息处理等相关活动应该合并和集成在预制部件的制造过程中，从而提高物流的效率，并能实时跟踪整体项目进展[35]。还有学者提出了基于时间驱动的装配式建筑供应链成本模型[36]。

（二）国内研究现状

我国产业链的研究起步于农业产业链。1990—1993 年，傅国华在进行海南热带农业发展研究时，首次提出了"产业链"这个名词。目前被广泛应用于乳业[37]、农业[38-40]、畜牧业[41]、新能源汽车产业[42,43]、电力[44]、光伏产业[45,46]。随着 BIM 技术、大数据、云计算等新技术的应用，建筑产业链也引起学者们的关注。

张涛、贺昌政（2008）定义了建筑业上游项目概念。"根据建筑业产业链上各个环节的关系，将产业链分为上游、中游和下游。上游是指规划、勘察设计、投融资等前期环节，中游主要指建筑施工环节，下游是指项目销售、使用维护等环节。"上游环节是产业链的高端产业，附加价值高，在产业链利润库中的份额占有绝对比例[47]。张静、于茜薇等（2012）在《建筑产业链的信息化新方向》中以建筑产业信息化产业链为基础，引入以 Object Rank 算法为核心的数据库和搜索模式，解决了该产业链上对开发商、施工单位、建筑产品等对象的搜索排序问题，从而简化了人们在海量信息中找寻与自己配套信息的过程[48]。北新集团建材股份有限公司总经理王兵在中华建筑报记者的采访中（2011）强调建筑行业是一个很特殊的行业，基于建筑业对资源消耗巨大，建筑垃圾与日俱增的现状，建筑行业的产业链合作比任何行业都更加迫切和重要，尤其是建筑设计和建筑材料业，如果与后期的施工、销售、物业运营、建筑垃圾回收环节衔接好将会在建筑整个生命周期内起着决定性的作用[49]。

王禹杰通过对于供应链内部和外部两个方面进行分析，讨论了基于建筑信息模型的建筑供应链管理问题并给出建议[50]。王红春基于大数据对于建筑供应链的采购过程进行探索分析，得出了依托大数据等新技术作为工具，参与供应链的采购商能够得出最优的采购策略[51]。祁萍等将建筑供应链思想运用到房地产企业，通过新型的合作关系网络来分析供应链各参与方之间的关系，并找出最优的合作伙伴[52]。在绿色建筑领域，陶盈盈[53]从共生的角度，分析了绿色建筑产业链各合作企业联系松散不紧密的情况，并构建了基于共生视角的绿色建筑产业链。刘戈、菅卿珍[54]基于循环经济视角，着重分析了建筑垃圾难以资源化利用问题，并通过进化博弈论对政府和施工企业之间的关系展开了研究，构建了具有封闭性的绿色建筑产业链。罗进、龚延风[55]等先是对绿色建筑产业链进行了构建，并分别从绿色技术、生态环境、专业人才、经济增长 4 个维度分析了绿色建筑产业在经济效益及生态效益中所发挥的作用。高佩宇、冉琳琳[56]等通过对设计、采购、施工等产业链核心环节展开了研究，并基于此构建了绿色建筑产业链。

近几年，特别是 2015 年以后，随着政府大力推广发展装配式建筑，越来越多的学者关注装配式建筑产业链，并进行了一些研究，其关注度逐年上升，如图 1.5 所示。张玥、李卫东[57]等通过分析我国装配式建筑产业链发展历程及现状，分别就装配式建筑产业链的政策扶持、运行动力、合作伙伴、社会竞争等机制展开了研究。段瑞佳、李卫东[1]等则根据装配式建筑的

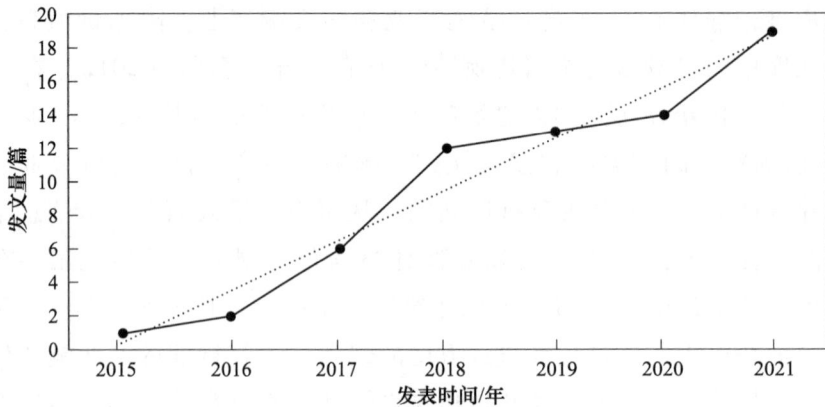

图 1.5　知网对装配式建筑产业链研究的学术关注度趋势

生产环节这个角度，对装配式建筑产业链中的运行机制和其发展过程中的国家政策、技术体系、经济效益等方面展开了研究，并在政府和企业这两个方面给出了关于推动装配式建筑健康发展的措施。刘戈等[54]从循环经济角度对绿色建筑产业链进行了构建。高青松[59]建立了建筑垃圾资源化产业链结构模型。韩言虎等[60]采用理论模型和实证分析相结合的方法确定了建筑工业化产业链形成的影响因素。袁梦琪等[61]总结传统产业链的弊端与装配式建筑产业链的概念，从横向、纵向和混合的角度提出有效整合的方法。王英臣等[62]从理论和实践层面出发，对产业链的形成进行分析并构建了装配式建筑产业链理论与实践相关体系。张巍、王勤[63]通过应用价值链理论，深入研究了装配式建筑产业链中各合作企业进行有效协同的难点，并详细解释了装配式建筑产业链中各合作企业协同运行的模式和流程。方舟[64]归纳总结了装配式建筑产业链中利益主体之间的协同矛盾，以政府为主导，从外部协同和内部协同两个方面对各利益相关主体进行协同治理。有学者[65,66]对装配式建筑产业链整合的形式及其绩效评价体系做了深入的研究。李蕾和沈云云[67]研究寻求合理的建筑工业化发展模式和路径。杨仕文等[68]提出 PC 构件生产和装配式房屋销售是装配式建筑产业链的两个关键节点，并对产业的发展驱动力进行了研究。齐宝库等[69]提出通过构建装配式建筑产业链来推动装配式建筑长期稳定发展，并对产业链参与企业的核心竞争力进行了剖析。刘平等[70]基于 BIM 技术以信息流作为研究的主要对象，研究其在装配式建筑供应链中发挥的作用，建立了装配式建筑供应链的信息流集成模型，并且将该模型在装配式建筑供应链的各个阶段进行应用并进行分析。严景宁[71]基于相关理论揭示了装配式建筑产业链形成的具体原因，从可持续建设角度出发，构建了装配式建筑产业链结构模型，并对装配式建筑产业链进行多属性分析。段文吉[72]基于合作博弈视角，构建了装配式建筑产业链利益预分配和再分配模型，并通过具体数据验证了模型的合理有效性。

三、装配式建筑产业链可靠性的研究现状

目前，国内外关于装配式建筑产业链可靠性研究的文献较少，几乎处于空白状态。相似文献大多是研究制造业或物流服务业供应链的可靠性。

（一）供应链可靠性的概念

可靠性是供应链的一个基本属性，也是供应链正常运作的基础。目前对供应链可靠性还缺乏为大多数人认可的统一的权威性定义。对于供应链可靠性的概念，不同学者认识角度各有不同，对供应链可靠性做出了不同的定义。

供应链可靠性概念的基础是可靠性工程理论，Thomas 于 2002 年引入该理论，将供应链可靠性定义为：在规定的时间和条件下，供应链系统完成规定任务的能力[73]。S. Y. Sohn 等认为，供应链的可靠性就是顾客要求的产品质量可靠性[74]。Dave Luton 和 Khalid S. 认为供应链的可靠性就是库存可靠性[75,76]。Inneke V N 等认为，供应链的可靠性就是产品交付的可靠性[77]。Arvis 等[78]认为供应链可靠性就是能够完成预期目标任务，同时承担自身特定职责的资质或能力。Yang 等[79]认为供应链可靠性就是当供应链面对突发事件时，其能够及时反应并采取适当措施以维持供应链正常运转的概率。Roger 教授认为，供应链的可靠性是指供应链或者企业履行承诺的能力。

近年来，国内学者对供应链可靠性研究的关注度，可通过如图 1.6 所示反映。霍佳震等[81]认为企业履行承诺的能力可以反映供应链可靠性。穆东[82]认为供应链的可靠性就是一定约束条件下订单交付的能力，即供应链可靠性指在最终客户要求的时间（提前期、交货期内）、数量、质量条件下满足顾客需求的可能性大小，表示每次供应的成功率；类似地，王雪梅[83]

从订单完成情况的角度将供应链可靠性定义为：在外界事件的影响下，供应链完成订单需求功能的能力，也表示每次供应的成功率；赵宏霞、杨皎平[84]将供应链可靠性定义为：在规定时间和条件下，供应链系统完成规定订单产品和服务以及各项业务的能力；陈国华将供应链可靠性定义为：在多种不确定因素条件下，以规定时间和条件满足终端客户要求的时间、数量和质量等概率的大小。刘元洪、罗明在文献［80］中对供应链可靠性的不同定义做了简单归纳，认为之前学者都侧重供应链某一方面的可靠性，或是供应链履行承诺的能力，或是货物交付的可靠性，或是产品质量可靠性，或是库存的可靠性，都不全面，他们认为供应链的可靠性是指供应链实现正常运转的能力。这一概念比较全面地反映了供应链各个方面的性能，得到众多学者的认可[85]。

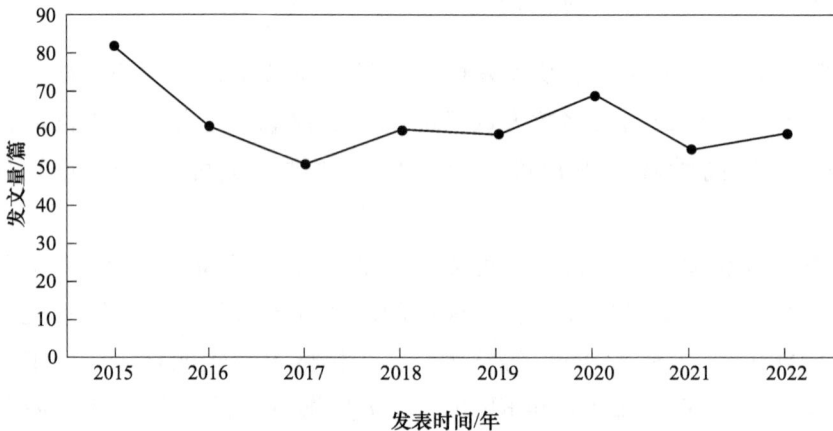

图 1.6 知网对供应链可靠性研究的学术关注度趋势

从国内外学者对该问题的研究结果可以看出，众多学者将供应链视为一个交互整体，从其完成功能可能性的角度对供应链可靠性进行了定义。据此，根据可靠性工程理论，我们将装配式建筑产业链可靠性定义为能够完成装配式建筑产业链各项业务功能，实现产业链正常运转的能力。

（二）供应链可靠性影响因素

实际应用中，供应链是为满足最终客户需求而由众多企业共同组成的动态虚拟联盟，属于典型的复杂网络系统，它的正常运转会受到多种不确定性因素的影响。

在供应链可靠性影响因素上，Inneke Van Nieuwenhuysea[86]分析了两阶段供应链中订单分割对物流配送可靠性的影响分析。Hans-Peter Wlendahl[87]就供应链物流过程进行建模分析，提出了加强供应链物流过程可靠性的举措。Dave Luton[75]认为影响供应链可靠性的因素有订单数量、到达数量、延迟时间等，并用蒙特卡洛仿真方法求解供应链的可靠度。Ruslan Klimov，Yuri Merkuryev[88]讨论了"不确定性"和"风险"的不同，对供应链风险因素进行识别分析，建立了供应链可靠性模型并求解。

文献［89］曾峰、李夏苗从风险的角度归纳出信息风险、管理风险、技术风险、设备风险、财务风险、信用风险、不可抗力事件风险7种影响供应链可靠性的主要因素。刘元洪[90]等认为自然环境、信息传递、物流配送、资金周转、内部控制等是影响供应链成员企业正常运作的因素。赵宏霞、王玮等[91,92]认为供应链整体可靠性的影响因素来自节点企业可靠性、供应链结构可靠性、供应链协调可靠性三个方面，并对每一部分的可靠性进行了更加详细的分析。田贵良、许长新[93]将供应链协调可靠性影响因素归结为同一产品的供应商数以及单一供应环节的协调可靠性。陈梓杰等[94]基于应急物流的特点，将应急物流供应链整体可靠性分为物流筹措节点可靠性、物流运输和配送节点可靠性以及物资分配节点可靠性。张凤玲、岑磊[95]从协调可靠性、关系可靠性、结构可靠性和供应链柔性四方面进行供应链可靠性影响因素的分析。陈敬芝[96]从供应链运作质量标准要求、核心企业竞争力以及供应链运作柔性三个维度分析了旅游供应链的可靠性。文献［97］以供应商为研究对象，基于供应链运作参考模型（Supply Chain Operations Reference Model，SCOR），结合大量文献资料，从内部运作流程（采购流程、制造流程、配送流程）、质量、柔性等七个视角较为全面地总结了供应链可靠性的影响因素。

文献［82］穆东在供应链系统的复杂性与评价方法研究一书中全面总结了供应链可靠性的影响因素，共计三类10种，即不确定性的影响，风险的影响，外部环境的影响。供应链内各种不确定性的影响包括生产过程的不确定性、用户需求的不确定性、信息传递的不确定性、运输配送的不确定性。供应链内部各种风险的影响包括管理风险、技术风险、设备风险、财务风险。供应链外部环境的影响包括不可抗力事件风险、宏观经济环境巨变。

从以上国内外学者对供应链可靠性影响因素的研究可知，现有的研究成果主要将可能影响供应链正常运作的不确定性或风险总结凝练为影响因素，尽管较为全面，但总体还停留在宏观或中观层面，不够具体深入。

（三）供应链可靠性设计

可靠性设计是事前考虑可靠性的一种设计方法，是保证系统可靠性最重要的环节，具有重要的战略意义。为实现供应链设计的高可靠性，国内外学者主要从供应链可靠性分配、供应链节点企业优选和供应链冗余设计三个方面展开了较为深入的研究。

1. 供应链可靠性分配

供应链可靠性分配，即根据供应链系统与组成企业之间的功能关系，将系统可靠性指标在各企业之间进行合理的分配，逐一地落实可靠性指标。在分配系统可靠性指标时，系统各成员企业之间需要保持适当的平衡，以达到投入有限资金，最大限度地增加系统可靠性的目的。Yuanhong Liu 等[98]认为供应链系统中所有的节点企业被分配一定的可靠性指标，利用可靠性分配可提高供应链系统的可靠性。文献［99］提出了基于公平交易的价格机制，并应用 Shapley 值法解决了可靠性分配问题。贺星等基于 Hopfield 神经网络和最优可靠性分配相对应的网络优化计算的能量函数，建立了系统可靠性优化分配的数学模型[100]。

2. 供应链节点企业优选

供应链节点企业优选是指根据供应链联盟的生产和服务要求，选择具有较高匹配度的企业来组建供应链网络，通过选取可靠性高的成员企业，可以提升供应链的整体可靠性[101,102]。针对供应链中的供应商选择问题，文献［103］以质量、成本和可靠性 3 个标准作为评判的依据，尝试应用 AHP 方法选择最为合适的材料供应商；文献［104］提出了一个两阶随机规划模型并给出求解步骤，用以优化供应商的选择，对冲可能出现的供应链中断。文献［105］针对风险不确定情况，在总成本和系统可靠性约束条件下，对供应商的选取问题进行了研究。文献［106］针对供应链这类串并联系统中成员企业选取难度较大的问题，提出一种结合传统蚁群算法和 Tabu 搜索的混合式算法，用于解决在系统总成本约束条件下，如何通过成员企业选取实现系统可靠性的全局最优化。杜凤娥等[107]提出了一种离散多目标决策方法，用于约束条件限定在给定的离散集合中的复杂系统，可实现最佳成员企业的选取。在得到成员企业失效率历史统计信息的前提下，可以通过威布尔分布拟合得到成员企业可靠度的数学模型[108]。在掌握成员企业故障率和修复率大致分布的前提下，利用可信度理论的梯形、三角形等模糊变量描述成员企业故障率和修复率[109]，能够更准确地实现成员企业优选。

3. 供应链冗余设计

所谓冗余设计，是指当一个功能单元的可靠性不能满足系统任务的要求时，采用两个或两个以上的单元并行工作，只要其中有一个单元能够正常工作，系统就不至于失效。只有当同一环节上所有的功能单元都发生故障，系统才会失效。

文献［110］研究了核心企业如何与备用供应商订立合同，有效提高供应链可靠性。文献［111］将冗余设计引入供应链可靠性设计中，设计出了六种带冗余的供应链结构。

虽然冗余数量越多，系统可靠性越高，但系统成本也会随之增加。受总成本约束，不能随意增加冗余企业数量，因此需要结合成员重要度分析，针对供应链可靠性的薄弱环节，进行供应链冗余优化设计，以最有效的方式提高供应链整体可靠性。

（四）供应链可靠性评估

供应链可靠性评估是合理构建高可靠性的供应链虚拟联盟的基础，能有效保障供应链的成功运作。在评估方法方面，国内外学者广泛借鉴其他领域的方法移植改进并应用到供应链可靠性的评估研究中，形成了多种供应链可靠性评估方法，拓展了供应链可靠性评估的研究思路。

1. GO 法

GO 法是一种以成功为导向的系统概率分析技术，其基本思想是把系统原理图、流程图或工程图直接翻译成 GO 图，利用 GO 模型中的操作符及信号流定量计算公式实现系统的可靠性分析[112]。文献［113］归纳总结了供应商、制造商和销售商成功运作的重要因素，以三级供应链为研究对象，建立了供应链可靠性诊断的 GO 模型，应用大量经营统计数据和操作符运算规则计算出供应链的可靠度。文献［114］运用 GO 法构建了物流服务供应链系统 GO 图，进行了 GO 运算，得到了物流服务供应链的可靠性评价结果，为可靠性管理提供信息支持。文献［115］以旅行社为核心，对旅游供应链进行分析，将其分为供应、生产、分销三个阶段，建立 GO 图，得出供应链可靠性水平，并提出了改善建议。文献［116］将 GO 法引入多级物流服务供应链 LSSC 系统的可靠性分析中，根据 GO 法思路建立了多级 LSSC 系统的 GO 图模型，利用 GO 运算进行可靠性精确计算，通过分析最小割集找出影响系统可靠性的薄弱环节。

2. 马尔可夫模型

马尔可夫模型是进行系统可靠性评估采用较为广泛的模型[117]。Phuc Do Van 等人[118]使用干扰分析法对稳态下的 Markov 系统可信度的重要性进行分析，给出了可靠性参数。文献［119］建立了物流服务供应链二级结构图，提出了一种基于 Markov 过程的系统可靠性分析模型，通过求解得到系统各状态的稳态概率。文献［120］将供应链看作一个马尔可夫过程，通过概率状态方程对多级串联供应链进行可靠性评估。文献［121］考虑到物流系统的缓冲库存和企业状态随机到达的因素，假定物流供应链中企业的修复时间和故障前工作时间服从指数分布且其参数不变，将长吉图物流系统供应链看作一个马尔可夫过程。通过供应链稳态条件下的状态概率方程求解，得出了企业在物流系统供应链中的可靠度和物流系统供应链的可用度，并综合考虑物流系统供应链的可靠性和库存成本的基础上，给出了应用优化模型。

3. 贝叶斯网络

文献［122］利用贝叶斯网络的自动更新功能，根据成员企业当前状态，对未来一段时间内的系统可靠性进行预测。文献［123］建立了供应链失效诊断模型，运用贝叶斯网络，将供应链可靠性的故障树诊断模型转化为贝叶斯网络的有向无环图，并根据节点的概率计算出整个供应链的可靠性。文献［124］建立了多式联运系统不同作业环节的贝叶斯网络模型，利用贝叶斯网络进行了多式联运系统的可靠性评估，计算了多式联运系统中的可靠性指标，并计算说明了不同影响因素对多式联运系统可靠性的影响程度，识别出了多式联运系统的薄弱环节。文献［125］基于模糊理论分析物流系统中各节点的状态集合以及状态变化的模糊概率，根据故障树原理构建供应链的模糊多态贝叶斯网络模型，运用优化算法计算多态物流系统的可靠度。文献［126］综合考虑配送系统对时间、品质、服务可靠性的要求，详细分析配送工作流程及其影响因素，建立 GO 图，然后根据映射规则转换为贝叶斯网络，最后通过案例分析，利用贝叶斯网络正反向推理和敏感度分析，得到系统的薄弱环节及其主要影响因素。

4. 蒙特卡罗仿真法

文献［127］将蒙特卡罗法应用于供应链可靠性评估，首先运用蒙特卡罗法产生服从不同分布的成员企业失效时间的随机变量。再根据系统可靠性框图，求得系统失效时间，完成一次仿真。当仿真次数达到规定值时，仿真结束。最后将得到的若干个系统失效时间作为系统寿命分布拟合与参数估计的样本，求得供应链可靠度函数。文献［128］结合概率可靠性基本原理和蒙特卡罗仿真方法对 HXD3D 型电动机车供应链可靠性进行了数值理论分析，建立了 HXD3D 型电力机车供应链结构体系数学模型，完成可靠性分析及优化工作。

5. Petri 网

文献［129］采用随机 Petri 网与马尔可夫链同构原理，对混合动态系统进行可靠性建模，并通过蒙特卡罗方法对模型进行模拟。文献［130］基于模糊 Petri 网，参照绩效评价指标，构造供应链的诊断模型，并进行了仿真分析。文献［131］建立了物流服务供应链的二级结构以及可靠性框图，运用随机 Petri 网理论对物流服务供应链可靠性问题进行建模分析，计算得到物流服务供应链的可靠度。文献［132］将直觉模糊集引入模糊 Petri 网，构建了基于直觉模糊 Petri 网的供应链可靠性诊断模型，检测供应链系统故障。文献［133］借助随机 Petri 网构建了供应链可靠性诊断模型，分析了供应链失效风险在模型各类节点间的传导关系，利用蒙特卡罗仿真方法对供应链可靠性进行诊断推理。

以上几种供应链可靠性评估方法比较见表 1.3。

表 1.3　供应链可靠性评估方法比较

评估方法	研究视角	假设条件	方法原理
GO 法	节点企业映射为 GO 操作符	各节点企业故障率已知	建立 GO 图，做 GO 运算

续表 1.3

评估方法	研究视角	假设条件	方法原理
马尔可夫模型	供应链系统可能出现的状态特征	节点企业失效率和修复率服从指数分布	定义系统状态及随机过程，求解状态转移方程
贝叶斯网络	视整条供应链为一个样本	供应链有效期服从指数分布	可靠性随时间呈指数分布
蒙特卡罗仿真法	供应链失效故障树	引起供应链失效的底层事件已知	随机模拟失效原因，统计求得可靠性
Petri 网	整条供应链的状态特征	节点企业失效率和修复率已知	建立 Petri 网模型，进行可靠性诊断推理算法

第三节　本书研究内容与结构

一、本书研究内容

本书共分为八章。

第一章为绪论。阐述了本书的选题背景和研究意义，对国内外与装配式建筑、装配式建筑产业链及装配式建筑产业链可靠性的相关文献进行了总结、评述，提出了本书的主要研究内容和技术路线。

第二章为相关概念及理论基础。明确了装配式建筑及装配式建筑产业链的相关概念，基于产业链理论和可靠性理论进行产业链可靠性的研究。

第三章为基于信息化平台的装配式建筑产业链的构建。首先，研究分析了装配式建筑产业链的参与主体；其次，基于 BIM、RFID 等信息化技术选择构建路径；最后，建立基于信息化平台的多参与方协同的装配式建筑产业链。

第四章为装配式建筑产业链事前可靠性设计。本章包含可靠的装配式建筑产业链合作伙伴的选择和可靠的装配式建筑产业链利益分配机制两部分。利用初选-精选-优化组合三阶段模型，确定装配式建筑产业链合作伙伴选择的优化组合；利用修正 Shapley 模型明确装配式建筑产业链各利益主体的利益分配。

第五章为装配式建筑产业链事中可靠性评估。本章主要对装配式建筑产业链运作过程中的可靠性进行评估。首先明确了可靠性评估体系构建目标与原则；其次初步确定可靠性评估指标体系，再利用 DEMATEL 方法对指标体系进行初级筛选，确定最终装配式建筑产业链可靠性评估指标体系；最后利用层次分析与熵权法综合确定指标权重，借助 SPSS 软件，对各指标进行信度和效度检验。最终确定各指标对产业链可靠性的影响程度。

第六章为装配式建筑产业链事后可靠性评估。运用"4M1E法"建立装配式建筑产业链系统事后可靠性评估指标体系，确定目标层、准则层和方案层。选择 GO 法对装配式建筑产业链系统进行评价，首先选择一个装配式建筑产业链系统，建立该系统 GO 图，根据 GO 法操作符运算规则，进行 GO 运算，最终确定装配式建筑产业链系统的可靠性。并提出产业链可靠性的预警模型。

第七章为装配式建筑产业链可靠性管理。从组织结构管理与优化、加强产业链安全管理、构建装配式建筑产业链安全洞察管理机制、建立"四个配套"标准保障机制、优化装配式建筑技术管理措施、健全装配式建筑产业链系统顶层管理思维、加强对工程管理人才培养七个方面提出装配式建筑产业链可靠性管理建议。

第八章为结论与展望。总结了本书的主要工作及结论、本书创新点和后续研究展望。

二、本书结构

本书逻辑结构图，如图 1.7 所示。

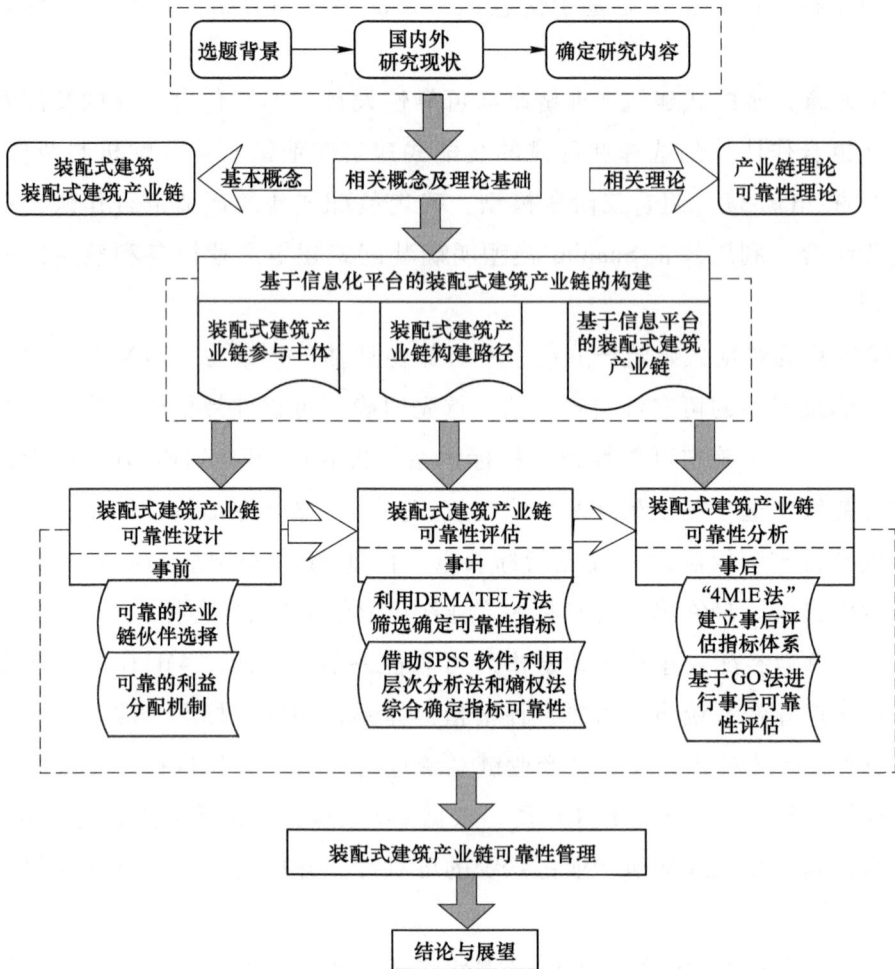

图 1.7 本书逻辑结构图

第二章　装配式建筑产业链可靠性相关概念及理论基础

第一节　装配式建筑产业链相关概念

一、装配式建筑

（一）概念

本书研究的核心内容是装配式建筑产业链及产业链的可靠性，而这些内容都是围绕着装配式建筑展开的，对装配式建筑需要全面深刻地认识。因此，有必要对装配式建筑的概念、分类、特征等内容进行全面的阐述。装配式建筑是当前实践探索和理论研究的热点，在标准文件和学术研究中其定义，见表 2.1、表 2.2。

表 2.1　标准文件中装配式建筑的定义

标准文件	定　义
《装配式混凝土建筑技术标准》GB/T 51231—2016	结构系统、外围护系统、设备与管线系统、内装系统的主要部分采用预制部品部件集成的建筑
《关于大力发展装配式建筑的指导意见》相关政策解读	在工厂化生产的部品部件，在施工现场通过组装和连接而成的建筑
《装配式建筑评价标准》GB/T 51129—2017	由预制部品部件在工地装配而成的建筑
《装配式住宅建筑设计标准》JGJ/T 398—201	以工业化生产方式的系统性建造体系为基础，建筑结构体与建筑内装体中全部或部分部件部品采用装配方式集成化建造的建筑

标准文件	定　义
《装配整体式混凝土结构设计规程》DB37/T 5018—2014	由预制混凝土构件或部件通过各种可靠的方式进行连接，并与现场浇筑的混凝土形成整体的混凝土结构
《江苏省工业化建筑技术导则（装配整体式混凝土建筑）》	以标准化设计、工厂化生产、装配化施工、一体化装修、信息化管理等为主要特征的工业化方式建造的建筑

注：资料来源于公开资料整理。

表 2.2　学术研究中装配式建筑的定义

相关文献	定　义
何正凯，2014	在工厂先生产的预制构件为主要部分通过现场装配、锚固而迅速构成的结构类建筑物
郭章林和梁婷婷，2017	先在生产厂生产好预配构件，然后运输到施工现场进行现场装配的建筑
蒋勤俭，2010	以工厂化生产的混凝土预制构件为主，通过现场装配的方式设计建造的混凝土结构类房屋建筑
刘俊娥等，2017	指在工地上用预制的构件装配而成的建筑
李丽红和张艳霞，2016	工厂化生产的预制构件在施工现场装配而成的建筑
任红梅，2016	指构件在加工厂或施工现场预制，通过机械吊装和一定的连接手段，把零散的预制构件连接成为一个整体的建筑
齐宝库和张阳，2015	将建筑的构件、部品、材料在工厂中预制，再运输到施工现场进行安装，最后通过浆锚或后浇混凝土的方式连接形成的建筑产品
兰兆红和严伟，2017	将预制加工厂预制的构件，通过机械吊装的方式，把零散的预制构件组装成为一个整体建筑

注：资源来源于参考文献［134~141］。

　　由上面的标准文件和学术研究可知，虽然对装配式建筑的定义各种各样，但是基本上都包含了"工厂预制""现场安装"这两部分内容。由此，可将装配式建筑定义为构件在加工厂或施工现场制造，通过机械吊装和一定的连接手段，把零散的预制构件在现场安装连接成为一个整体而建造起来的建筑。装配式建筑提供了一个在工厂里制造建筑的建设新模式，在工厂里制造各种建筑通用构件，采用各种新的工业化施工技术在建筑工地形成现代化建筑，整个过程都是机械化操作，而且建筑全过程的开发建造转变为建筑制造。它要求建筑设计、结构设计、施工、管理及科学研究等各个方面都逐步向综合性和现代化方向发展。

（二）建筑类型

　　虽然一直都在说装配式建筑的优势、发展前景等，但许多人对装配式建筑的具体分类还不了解，其装配式建筑大概有几大类，各自的优点又是什么。

　　1. 预制装配式混凝土结构

　　指的是采用预制的混凝土构件（PC构件）作为主要的构件，在工厂提前预制，并运输到现场进行装配连接，在构件结合部分现浇混凝土而成的结构。还有一种类似的形式叫砌块建筑，主要分为小中大型三种：小型砌块，适于人工搬运和砌筑，工业化程度较低，灵活方便，使用较广；中型砌块，可用小型机械吊装，可节省砌筑劳动力；大型砌块，现已被预制大型板材所代替。

　　优点：适用于建造3~5层建筑。砌块建筑适应性强，生产工艺简单，施工简便，造价较低，还可充分利用地方材料和工业废料。尤其是小型砌块，可用套接代替砂浆的干砌法，减少湿作业。

　　2. 预制装配式钢结构

　　以钢柱及钢梁为主要的承重构件，类似的建筑方式也叫板材建筑，由预制的大型内外墙板、楼板和屋面板等板材装配而成，是工业化体系建筑中全装配式建筑的主要类型。墙板分为承重式墙板和装饰性墙板，承重墙板多为钢筋混凝土板，装饰墙板如外墙板多为带有保温层的钢筋混凝土复合板，以及特制的钢木保温复合板等带有外饰面的墙板。

　　优点：自重轻、跨度大、抗风及抗震性好、保温隔热、隔声效果好，符合可持续化发展的方针，建造效率高，可扩大建筑的使用面积，适用别墅、多高层住宅、办公楼等民用建筑及建筑加层等。

3. 预制集装箱式房屋

预制集装箱式房屋，是一种在板材建筑的基础上发展起来的装配式建筑，以集装箱为基本单元，在工厂内流水生产完成各模块的建造，同时完成内部装修，再运输到施工现场，快速组装成多种风格的建筑。

优点：工厂化程度高，现场安装更快，不但能在工厂完成盒子的结构部分，而且内部装修和设备也都能做好，甚至连家具、地毯等也能一概完成，现场吊装、接好管线即可使用。

4. 骨架板材建筑

由预制的骨架和板材组成，其承重结构一般有两种形式：一种由柱、梁组成承重框架，再搁置楼板和非承重的内外墙板的框架结构体系；另一种是柱子和楼板组成承重的板柱结构体系，内外墙板则是非承重构件。钢筋混凝土框架结构体系的骨架板材建筑有全装配式、预制和现浇相结合的装配整体式两种，保证这类建筑的结构具有足够的刚度的关键是构件连接。

优点：承重框架可为重型的钢筋混凝土结构或重钢结构，自重轻，内部分隔灵活，适用于多层和高层的建筑。

5. 装配式木结构

木结构是单纯由木材或主要由木材承受荷载的结构，通过各种金属连接件或榫卯手段进行连接和固定。这种结构因为是由天然材料所组成，受材料本身条件的限制，因而木结构多用在民用和中小型工业厂房的屋盖中。

以上几种是基本的预制装配式建筑分类，不同的企业专注的类型也不同。

（三）主要特征

1. 施工周期短

装配式建筑技术施工主体和外装饰的总工期比传统建造模式减少约70%。从施工效率角度看，一栋30层的高楼，应用装配式建筑技术，12个工人最快只需要180天就可以建成。这个效率如果用传统建造方式则是完全无法想象的，从这个角度看施工效率至少快30%以上。

2. 绿色环保

工厂化集中生产的方式，降低了建筑主材的消耗；装配化施工的方式，降低了建筑辅材的损耗；现场装配施工的方式，减少了建筑垃圾的产生以及有害气体、粉尘及污水的排放。建筑节能比传统方式高出 50% 以上；产生的建筑垃圾比传统模式减少 83%；钢筋损耗是传统模式的 75%；混凝土损耗是传统模式的 65%。

3. 不同材料的建筑有不同的特点

钢结构的建筑，由于钢材质量轻、塑性和韧性好的特点，钢结构建筑抗震性能好，同时由于钢材耐火性能差，钢结构建筑的防火问题比较严重，高层的钢结构建筑需要严格的防火控制。混凝土预制板虽有以上提到的环保和施工周期短的优点，但是由于是装配的建筑，预制板之间的连接的缝隙没有现浇结构整体性强，所以混凝土预制结构常常存在抗震能力和防水能力不好的情况。当然随着技术的进步，不同材料的建筑结构在力学性能和使用功能上的缺点都是可以克服的，造价问题才是是否选择装配式建筑的关键。

二、装配式建筑产业链

产业链的思想最早可追溯到亚当·斯密《国富论》中有关分工的论断，指出"工业生产是一系列基于分工的迂回生产的链条"，这是对产业链的最初表述[5]。尽管产业链的思想起源于西方，并且有些西方经济学家对产业链也进行了一定的分析和解释，但是，直到改革开放后的 90 年代的中国，产业链才真正引起人们的关注，并在此基础上得到了进一步的分析和研究。鉴于此，从某种角度来说，产业链是具有中国特色的经济学概念，是中国化的名词概念，在国外，更多的学者使用的是供应链一词。

供应链基于"横向一体化"思想，是一条贯穿供应商、制造商、分销商等所有企业的"链"。由于相邻节点上的企业之间显示出供需关系，因此当所有企业依次连接时，便形成了"供应链"[13]。供应链理论在很多行业和产业中都得到了具体应用，特别是在制造业中的成功应用，使得很多专家学者将供应链理论借鉴应用到建筑行业。张涛、贺昌政[47]将建筑业产业链上分为上中下游三个环节。上游是指规划、勘察设计、投融资等前期环节，中游主要指建造施工环节，下游是指项目销售、运营维护等环节。张静、于茜薇[48]等以建筑业信息化产业链为研究对象，对开发商、施工单位、建筑产品等对象的搜索排序问题进行了深入研究。北新集团建材股份有限公司总经理王兵[49]强调建筑行业的产业链合作比任何其他行业都更加迫切和重要，尤其是建筑设计和建筑材料业，如果能与建设项目后期的施工、销售、运维、建筑垃圾回收等环节衔接好，将能发挥产业链的协同效应，降低建设项目整个生命周期的成本，实现产业链节点企业的共赢。装配式建筑作为建筑行业的未来，建筑形式既包含有制造业的特点也包含有建筑业的特点，产业链理论适合于它。

我国建筑产业链经历了相当长的一段发展过程，随着我国建筑产业的发展，建筑产业链也经历了从传统的建筑产业链到工业化建筑产业链的进步，下面在对传统建筑产业链与工业化建筑产业链进行比较分析的基础上，对我国装配式建筑产业链进行概述。

（一）传统建筑产业链

我国传统建筑产业链的形成一般是基于大型房地产企业的需要，通过对上游供应商企业、下游施工企业等进行资源整合而形成的建筑产业链。通过概念可以看出，传统建筑产业链大多是以房地产企业为产业链主体，其他企业则是以辅助性的形式来推进房地产企业业务的推进，因此其基本流程几乎是房地产企业全权参与并负主要责任，这样的产业链最大的增值主体也是房地产企业，其他企业的增值空间不大，而且受到房地产企业的限制较大。

一般情况下，传统建筑产业链的流程首先由房地产企业从政府部门申请土地，在审核批准以后，房地产企业继续委托设计院对该土地的建筑进行规划设计，设计图同样要经过政府审批。审批合格后房地产企业会利用招标的形式选择施工企业，施工企业在具体的施工过程中对原材料供应企业、设备供应企业、施工团队等进行资源整合，在完工后房地产企业会进行验收，验收合格后才能够交付尾款并开始售卖。售卖活动也是由房地产企业负主要责任，部分房地产企业会委托销售代理公司，也有部分房地产企业自行售卖，售后物业主要是以委托给专业的物业管理公司进行后期的建筑维护与管理。

（二）工业化建筑产业链

工业化建筑产业链是指利用工业化手段与工业化组织对建筑产业内的企业进行资源整合而形成的一种产业链。相比传统建筑产业链，工业化建筑产业链条件下各个企业主体之间的地位是相对平等的相互合作关系，都有自己需要承担的相应责任与义务。在产业链增值过程中，各个企业所享受到的增值空间也是对等的，与其承担的业务范畴与业务能力对等，因此工业化建筑产业链管理模式更加受到各个企业的欢迎，并且在政府以及相关部门的推动下得到迅速发展。

工业化建筑产业链的流程相对复杂，而且也会根据项目的不同有所差异，整体来看基本的流程主要是设计院初步对建筑标准进行设计，原材料供应商根据设计要求提供原材料，预制件生产企业则会根据设计图来生产相应的预制构件，然后交由专门的物流公司将预制构件运输至施工现场，施工企业利用专业的机械设备将预制构件进行装配与施工，在施工结束后由专业的销售服务公司来负责建筑商品的销售与售后管理。在整个建筑产业链流程当中，建筑的生产与服务过程是一个整体，这个整体就是工业化建筑产业链。

（三）装配式建筑产业链

装配式建筑产业链的概念的提出是基于装配式建筑及产业链理论的，装配式建筑的出现是工业化建筑发展的产物，其产业链也具备工业化建筑产业链的特点。近年来，随着我国政府大力推广发展装配式建筑，一些学者对装配式建筑产业链进行了初步的研究。袁梦琪和张露云[61]认为装配式建筑产业链是以装配式建筑生产和用户需求为基础，由不同业务领域的企业组成的，包含房产开发企业、设计机构、部品部件生产厂商、物流运输企业等不同主体的所有活动的链式集合。段瑞佳[1]等认为装配式建筑产业链是一条以各利益相关单位为载体，以装配式建筑为服务对象的动态增值链条。齐宝库[69]等认为装配式建筑产业链是以装配式建筑为服务对象的动态增值链，在该链条上，各利益相关企业风险共担、利润共享，相互依存、相互影响。另外一些学者则认为装配式建筑产业链是以市场需求为导向，以预制装配式为生产方式，涵盖住宅生产全过程的设计、构配件生产、施工建造、销售和后期维护等诸多环节的完整产业链系统[142]。还有一些学者认为装配式建筑建设中标准化的设计，原材料供应，预制构件的工厂化生产及运输，施工现场预制构件的机械化装配，后期建筑成品的销售、运营和管理等，通过产业链整合，产业化建设所涉及的开发、生产、运输、施工和运营等各流程形成相互协调制约的运行形态，即装配式建筑产业链[63]。

　　结合以上学者对装配式建筑产业链的研究，本书将装配式建筑产业链界定为：以装配式建筑为对象，以风险共担利润共享为导向，将研发、设计、生产、施工、运营及维护等来自不同链节企业的优势力量和优势资源集中起来，通过经济关系、供应关系或技术关系链接起来形成相互依存、相互影响、共同发展的动态增值链。根据利益主体不同将装配式建筑产业链简化为"五大链节"，其结构如图 2.1 所示。

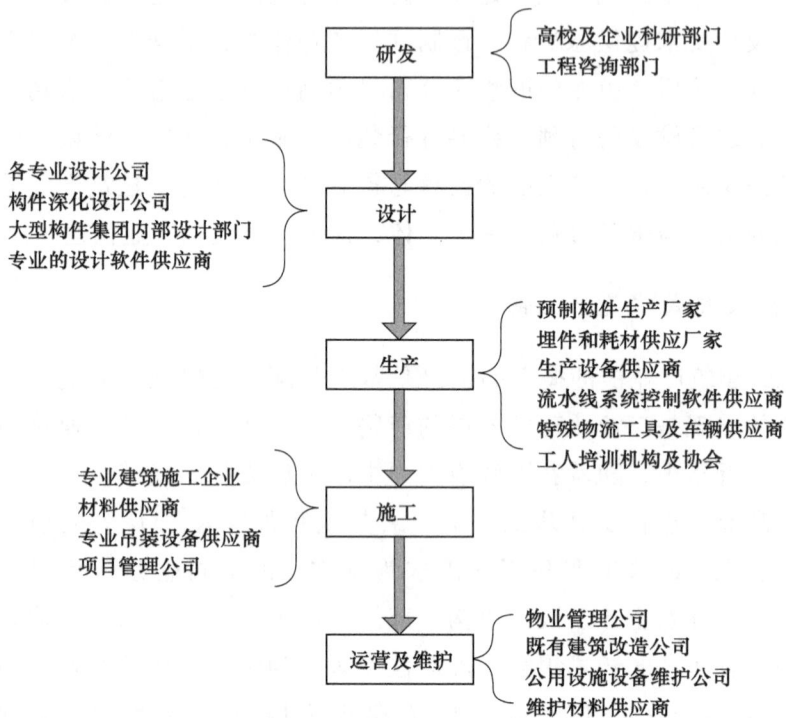

```
                    ┌──────────┐   {  高校及企业科研部门
                    │   研发   │   {  工程咨询部门
                    └──────────┘
                         ↓
  各专业设计公司          ┌──────────┐
  构件深化设计公司    }   │   设计   │
  大型构件集团内部设计部门 └──────────┘
  专业的设计软件供应商
                         ↓
                    ┌──────────┐   {  预制构件生产厂家
                    │   生产   │   {  埋件和耗材供应厂家
                    └──────────┘   {  生产设备供应商
                                   {  流水线系统控制软件供应商
                                   {  特殊物流工具及车辆供应商
                                   {  工人培训机构及协会
                         ↓
  专业建筑施工企业        ┌──────────┐
  材料供应商          }   │   施工   │
  专业吊装设备供应商      └──────────┘
  项目管理公司
                         ↓
                    ┌──────────┐   {  物业管理公司
                    │ 运营及维护│   {  既有建筑改造公司
                    └──────────┘   {  公用设施设备维护公司
                                   {  维护材料供应商
```

图 2.1　装配式建筑产业链结构图

（四）装配式建筑产业链的特征

　　装配式建筑的建造方式分为工厂预制构配件和现场装配两阶段，与传统建造方式相比，现场作业的工作内容减少了，多出了构配件工厂化生产的步骤，所以，装配式建筑同时具备了制造业与建筑业双重属性，如图 2.2 所示，因此，装配式建筑产业链在运行过程中会表现出制造业和建筑业两个不同领域所共有的一些特性，因此要分析装配式建筑产业链具有的特征需要结合制造业和建筑业两个角度来进行，具体特征见表2.3。

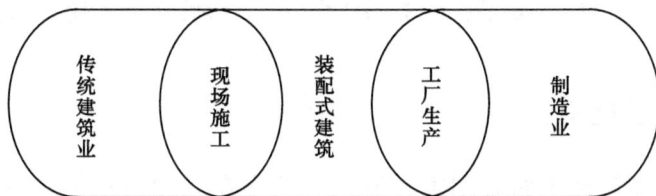

图2.2　装配式建筑与传统建筑业和制造业间的关系

表2.3　装配式建筑产业链与建筑产业链和制造业产业链的对比

项目	装配式建筑产业链	建筑业产业链	制造业产业链
产品特性	现场作业部分为单件生产，预制构件的生产为批量生产	单件生产，建筑生产的一次性和不可复制性	批量生产和大规模复制
生产方式	部分材料、物资需要在现场制作，大部分构件均在工厂制作完毕，只需要进行现场组装，受地域限制	所有材料、物资都集中在施工现场制作，受地域限制	产品生产工厂化，不受地域限制
合作方式	限于当前招投标法的规定，通过招投标方式选择供应商；由于构件的制造业特性，将会出现谈判选择供应商	通过招投标方式选择供应商	基本上通过谈判的方式选择供应商
网络结构	从单个项目来看，供需关系具有临时性，从构件生产来看，供需关系具有长期性，并期待战略合作	快速聚散性（工程临时性特征决定）	供应链上各企业间供需关系的长期性
核心企业	不同阶段具有不同的核心企业（核心动态变化），施工总承包企业的地位逐渐弱化	不同阶段具有不同的核心企业（核心动态变化），施工总承包企业的地位显著	制造商
协调目标	保证客户需求得到敏捷响应	目标多元化（质量、安全、进度、成本、环保）	系统利润

第二节　装配式建筑产业链理论研究基础

一、产业链理论

产业链的思想源于西方国家，亚当·斯密在《国富论》中指出"工业生产是一系列基于分工的迂回生产的链条"，这是对产业链的最初表述。马歇尔（A. Marshall）把分工扩展到企业与企业之间，强调企业间的分工协作的重要性，这可以称为产业链理论的真正起源。

产业链的本质是用于描述一个具有某种内在联系的企业群结构，它是一个相对宏观的概念，存在两维属性：结构属性和价值属性。产业链中大量存在着上下游关系和相互价值的交换，上游环节向下游环节输送产品或服务，下游环节向上游环节反馈信息。

产业链中上中下游产业企业：上游产业企业掌握了核心技术或是关键生产环节而成了行业发展的领导企业。同时上游企业具备自主开发能力和完整的销售网络，是整个行业标准的制定者，属于典型的技术密集型企业，其产品附加值高，获利空间大，通常占有全行业利润的 60%。中游产业企业引进并吸收上游产业企业的技术，并根据特定市场进行产品定制，属于生产制造环节，中游产业企业知识参与产品附加值分配，利润比上游低，一般占用全行业利润的 30%。下游产业的厂商则以服务和质量以及成本优势来参与到产业中来，通常是通过细分市场以及产品差别化来争取市场份额，产品增加值多为劳动附加值，获利能力很小。

（一）产业链内涵

产业链是一个动态变化的企业集合，同时企业是产业链的载体，产业链以社会分工为基础，随着分工的不断拓展延伸，由企业集合成的产业链也在不断被赋予新的形式与内容。

产业链以产品为对象，该产品既可以是实在的物品，也可以是所提供的某种服务。

产业链以实现价值增值为导向，沿着垂直关系上的上游直到下游都在不断地进行着价值的增值，而只有将提供的产品（服务）交与顾客手中，才能实现产业链的价值回收。

产业链以满足用户需求为目标。产业链是以用户需求来组织各节点企业的生产、供应，如果生产出的产品不满足用户需求，就无法实现产业链价值。

总结起来可以将产业链定义为：由各个利益相关企业，围绕为满足客户需求提供特定产品（服务）来实现自身盈利的目标，而组成动态变化的企业集合。

（二）产业链分类

（1）产业链按形成机制分为市场交易式、纵向一体式、纵向约束式[143]。

1）市场交易式产业链又称为自组织产业链，即不受外界因素的作用下，企业自发的形成的产业链。

特点：节点企业之间关系简单，没有核心企业、地位完全平等，无垄断利润。由于产业链条短，链接力不强，产业链的功能效应发挥受阻，该形式产业链处于发展的低级阶段。

2）纵向一体式是指纵向关联的上下游企业彼此通过购买对方产权从而获得其控制权。

特点：产业链的企业以集团公司组建，集团公司以对产权的控制来实现上下游企业的有序生产经营，企业之间的市场交易行为转变为内部交易，由此使得生产经营更加稳定。一般在石油、煤炭、钢铁等资源型且资本密集型的产业，由于其进入壁垒高，且容易产生垄断，形成纵向一体化的产业链。纵向一体化产业链治理模式是等级控制，所以又称为等级式产业链。

3）纵向约束式产业链是指通过产业链中占据核心地位的企业对其他环节的节点企业进行各种限制而形成的产业链组织形式，一般包括行为限制和价格限制。

特点：产业链节点企业间的行为综合了市场交易与产权控制各自的优点，通过"契约"来取代产权的控制，同时企业彼此仍存在一定的市场交易行为。

行为限制有独占交易、共同代理、独占区域、拒绝交易、搭售等形式。

价格限制主要有场位费、抽成、转售价格等形式。

（2）产业链按形成过程中企业与企业之间的关系可分为技术推动型、资源带动型、需求拉动型、综合联动型[12]。

1）技术推动型，在上游企业向中游企业进行技术和设备转移后，上游企业在实现了产品价值增值的同时，中游企业也获得了上游企业的技术和设备，并通过产品生产后向下游企业或消费者转移最终实现产品价值回收。

特点：一般存在于技术密集型产业，如高新技术产业链、IT行业产业链等，能够预测未来的消费需求，并有针对性地投入资金研发新技术、新产品，从而逐级推向消费者，但是消费者所处的地位在此种模式下只能是被动的，因此，该模式对需求变动的响应能力较差，虽然发展后劲足，但发展导向不明确，风险较大。

2）资源带动型，该类型产业链特点是中游企业对上游企业的资源存在较强的依赖性，同时上游企业对资源处于垄断地位，其数量很少，而中游企业却有很多家，彼此长期处于激烈竞争环境中。该类型产业链一般存在于煤炭产业链、石油产业链等资源密集型产业中。对于资源型产业链的，要特别注意经济、环境、资源协同发展，必须同时考虑资源枯竭后该地域经济转型的问题，否则，将带来严重的社会问题。

3）需求拉动型，围绕消费者需求进行组织设计、生产，从而获得市场快速的认可。

特点：强调对消费者的个性化服务，以消费者参与、体验为主。此种模式下，是最终用户启动产业链流程，而并非其他参与主体。产业链的发展导向明确、信息交换迅速、市场见效快，但缺乏发展后劲。

4）综合联动型，综合了技术推动型和需求拉动型的优点，发挥各自的长处，即同时具有发展后劲足、发展导向明确的优点。

二、可靠性理论

按照国家标准《可靠性基本名词术语及定义》（GB 3187—82），将可靠性定义为产品在规定条件下和规定时间内完成规定功能的能力，这种能力以概率表示，也称可靠度。

具体来说，产业链的可靠性包括节点可靠性和结构可靠性，节点可靠性主要是指装配式建筑产业链各节点企业完成自身任务的各自可靠性，结构可靠性主要是指节点企业间的链状和网状的可靠性。

（一）节点可靠性

为了提高整个产业链的可靠性，就要确保产业链上各个节点企业的可靠性。

1. 供应商的可靠性

产业链上的供应商包括材料、部品部件供应商和设计、管理等服务供应商。其可靠性衡量标准及影响因素见表2.4。

表2.4　供应商的可靠性指标及影响因素

节点企业	可靠性指标	影响因素
材料或服务供应商	材料合格率	原材料来源是否可靠
	订货完成率	供应商的财务状况
	准时交货率	员工的整体素质
	产品质量	企业内部的核心技术研发水平

2. 部品部件生产商的可靠性

部品部件生产商是通过材料供应商供应的材料负责生产制造零部件产品。其可靠性主要通过构件质量、部品集成化程度、设计标准化程度、生产成本、图纸变更、人员流动等来体现。而影响制造商可靠性的因素有企业的生产能力、科研技术能力、资金周转力及各种抗风险能力。具体见表2.5。

表2.5　部品部件生产商的可靠性指标及影响因素

节点企业	可靠性指标	影响因素
部品部件生产商	部品集成化程度	科研技术能力
	设计标准化程度	
	生产成本	资金周转及企业的生产能力
	构件质量	
	图纸变更	各种抗风险能力
	人员流动	

3. 物流运输企业的可靠性

部品部件的运输可由物流运输企业负责运输，其可靠性可通过物流运输公司可靠性、运输标准合理性、构件运输成本及工程分包等来体现。

4. 装配施工企业的可靠性

装配施工企业的可靠性可通过工程质量、安全事故、人员能力、工期控制等来体现。

（二）结构可靠性

1. 链状可靠性

链状的装配式建筑产业链如图 2.3 所示，这里将设计、生产、物流、施工、运维等企业抽象为节点，用字母代替，节点再以一定的方式和顺序连接成一串，构成一条链条。

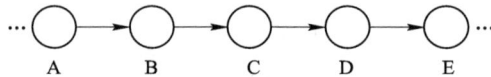

图 2.3　链状模型

参照可靠性数学的相关知识，可以用一个非负随机变量 X 来描述节点的寿命，X 相应的分布函数为

$$F(t) = P\{X \leqslant t\}, \qquad t \geqslant 0 \qquad (2.1)$$

有了公式（2.1），就可以知道节点在时刻 t 以前都正常的概率，即节点在时刻 t 的生存概率

$$R(t) = P\{X > t\} = 1 - F(t) = \overline{F}(t) \qquad (2.2)$$

在公式（2.2）中的 $R(t)$ 是节点在时间 $[0, t]$ 内不失效的概率，称为该节点的可靠度函数或可靠度。

对于链状模型，可以看成多个节点串联而形成的系统，前一个节点的输出就是后一个节点的输入，只有当所有的节点都正常时系统才能正常工作。根据概率论的乘积法则，可以得到串联结构的装配式建筑产业链系统可靠度 R：

$$R = \prod_{i=1}^{n} R_i$$

式中　R_i——串联结构的装配式建筑产业链系统中第 i 个节点的可靠度。

可以看出，要提高串联结构的装配式建筑产业链系统的可靠度，主要有两种途径：第一，减少链的长度，即尽量简化产业链，减少不必要的环节；

第二，对于产业链中的关键环节，应该保证较高的可靠度。

2. 网状可靠性

网状的装配式建筑产业链如图 2.4 所示，事实上，在链状模型中，装配式建筑产业链的设计单位、预制构件生产单位、施工单位可能不止一家，而是有多家，这样就形成一个网状模型。

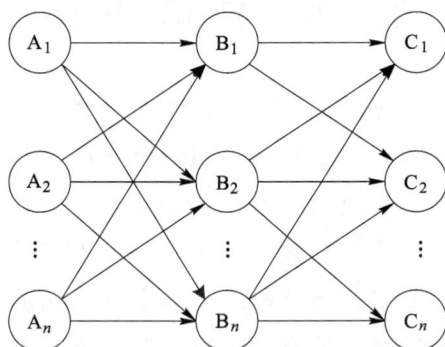

图 2.4　网状模型

网状模型更能表现现实中的复杂关系，在理论上可以涵盖一个较大区域范围的装配式建筑产业链，并认为链中的各节点之间存在着联系。

对于网状模型，可以看成多个节点混联所构成的系统，即由多个节点并联形成子系统，这类子系统之间再串联形成最终的装配式建筑产业链系统，其可靠性框图如图 2.5 所示。

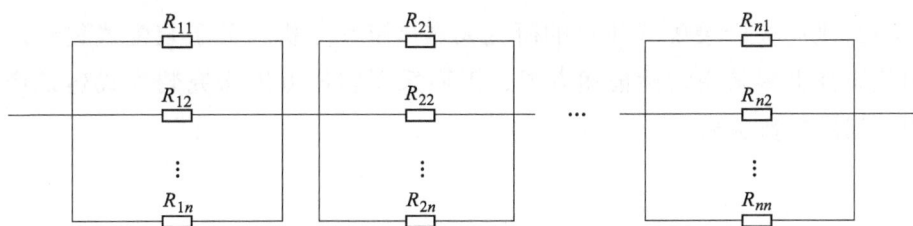

图 2.5　网状模型的可靠性框图

各节点中的可靠度已标示在图 2.5 中，那么可以得到串并联结构的供应链系统可靠度 R。

$$R = \prod_{i=1}^{n} \left\{ 1 - \prod_{j=1}^{pi} \left[1 - R_{ij} \right] \right\}$$

可以看出，该结构与串联结构的特点不同，这种结构的系统能够用可靠度较低的多个节点建成具有系统可靠性较大的装配式建筑产业链系统，大大降低了对组成系统的节点的要求，使得整个装配式建筑产业链具有更大的灵活性。但是这种结构使得资源的利用率较低，同时多个节点会增加管理和运作成本，因此需要在高可靠性和低成本之间做好平衡。

第三节　本章小结

本章根据标准文件中的定义及相关学者的研究，将装配式建筑定义归纳界定为构件在加工厂或施工现场制造，通过机械吊装和一定的连接手段，把零散的预制构件在现场安装连接成为一个整体而建造起来的建筑。将装配式建筑产业链归纳界定为以装配式建筑为对象，以风险共担利润共享为导向，将研发、设计、生产、施工、运营及维护等来自不同链节企业的优势力量和优势资源集中起来，通过经济关系、供应关系或技术关系链接起来形成相互依存、相互影响、共同发展的动态增值链。根据利益主体不同将装配式建筑产业链简化为"五大链节"。

同时发现对装配式建筑的研究存在以下不足：

（1）关于装配式建筑的研究大多都是从单一方面来解决装配式建筑发展过程中存在的局部问题，很难从根本解决阻碍装配式建筑发展的问题；

（2）现有的研究对装配式建筑产业链的研究比较零散，对其可靠性的研究较少；

（3）现有关于装配式建筑的研究大多是定性分析，关于装配式建筑产业链相关研究也多采用定性描述方式，因而采用实证方法研究装配式建筑产业链相关问题有待突破。

第三章 基于信息化技术的装配式建筑产业链构建

第一节 装配式建筑产业链的参与主体

要想全面地了解装配式建筑产业链，需要从产业链的业务内容以及节点角色出发，有层次地去梳理产业链的结构，把握要点以促进产业链健康稳定地运行。

一、基于全生命周期的业务内容分析

装配式建筑项目开发步骤繁多，从全生命周期角度审视装配式建筑产业链，可总结成决策与研发、设计、生产制造、施工装配、运营维护五个主要阶段，这五个主要阶段均非常关键，彼此之间相互关联，需要进行仔细的分析。

阶段一，建设单位进行充分的市场调研，并根据可行性研究报告对建设项目进行前期决策，可以利用 BIM 技术与遥感技术结合的手段，科学地进行项目选址以及后期研发与规划。

阶段二，建设单位方通过招投标等方式选取专业的设计方，进行项目规划与设计。

阶段三，对于装配式建筑项目所需要的预制构配件进行工厂化加工、生产与供应；将施工所需的材料、已经制造完成的装配件以及机械设备配送到项目现场。

阶段四，负责施工装配的企业在施工现场完成构配件的装配工作，并负责协调构配件进场、存储管理及施工装配作业的进度管理，完成项目的装修和安装工作后交付业主方。

阶段五，建设单位对建筑进行物业管理和设备更新等运营维护工作。

装配式建筑项目相对于传统的建筑项目，在设计阶段增加了另外两方面内容：施工方案设计开始前，需要对构配件的生产能力以及物流运输能力、现场装配水平进行全面的策划，保证项目开工后能够稳定地运行；施工图设计完成后还需要对于构配件进行深化设计，运用标准化的设计，使得后期构配件安装能够有序地进行。装配式建筑的设计对于项目后期施工有着重要的影响，土建、室内装修和安装、预制装配件等阶段的设计，互相影响，所以在设计阶段需要整体全面地考虑，最大限度地保证装配式建筑项目能够良好地运作施工。

装配式建筑项目在施工环节增加了预制构配件的工业化制造和现场的装配环节。在工厂化生产阶段，会有许多种类的预制装配件在工厂里进行制造，主要包括外墙板、内墙板、楼梯、梁、柱等部品，与传统建筑项目在施工现场现浇不同。预制装配件和材料进场后的装配阶段，需要动用大型的装配机械进行构配件的装配施工，这时需要的工人数量相较于传统施工项目减少了。有利于避免人力资源不合理配置情况的出现，对于控制建筑垃圾造成的污染也起到了积极的作用。

二、产业链节点企业角色分析

装配式建筑产业链是一个网状的链式结构。产业链各个参与主体之间通过供应关系、业务关系或者技术联系起来，各自发挥自身的优势，相互协作完成目标。每个节点企业对于装配式建筑产业链的功能各不相同，但都是非常重要的一环。在装配式建筑项目的建设过程里，某个阶段的某个参与企业可能会同时发挥着多种职能。

（一）政府

政府是整个产业链的起始环节，并应该对整个房地产开发过程起到鼓励和监管的作用。目前地方政府对于装配式建筑项目的推广和监管主要是通过土地供应意见征询来完成的。从社会的利益出发，政府对于整个工程的工期总是有着更高的期望，且装配式建筑的节能环保，有利于解决社会劳动力水平不足，有利于建筑业转型等优势大大满足了社会的需求。然而，装配式建筑目前相对较高的建造成本严重限制了装配式建筑的快速发展，作为装配式建筑的鼓励倡导者，掌握土地资源的政府机构扮演着供应商的角色，土地的供应成为房地产开发运作的关键环节，在很大程度上掌控着装配式建筑产业链的绝大部分利益。所以，政府应该考虑在合理的范围内对装配式建筑产业链中的其他成员采取一些强制性手段并给予一些政策福利。

（二）建设单位

建设单位是整个工程的策划和执行者，参与到了整个装配式建筑的开发全过程之中。其主要工作是促使设计院与预制构件厂、设计院与施工企业、预制构件厂与施工企业之间的协作，即负责组织各参与方分工协作并对项目资源进行合理分配，使各参与方能够积极主动地完成各自的任务，最终完成项目目标。协调各参与方是建设单位最主要的职能。建设单位在整个装配式建筑产业链所扮演的角色是项目信息的交换共享中心、项目相关任务的分配和指挥中心等，对于装配式建筑产业链能够保持整体性协调地平稳运行起到了保障作用。

（三）设计单位

装配式建筑项目的设计以及施工期方案变更等设计任务由设计单位负责，施工装配企业在项目的施工阶段出现技术方面的问题，设计单位有义务与其就出现的问题进行探讨并配合其完成设计方案的更改和完善。目前，大规模定制也是装配式建筑一个重要的发展方向，因此要求设计单位在进行设计时对于标准化和模块化要更加全面深入地去考虑，提高了设计难度，设计单位的作用也大大提高。

（四）预制构件厂

预制构件厂，即装配式建筑中预制构件的生产企业，是整个产业链中的新生环节，连接建设单位和原料商。在实际生产过程中，由于前期生产规模得不到保证，单位成本高，预制构件厂所生产的产品价格也会居高不下。但随着产业化规模的不断扩大，预制构件厂可以在保证自己利润的前提下，将产品的价格控制在可以接受的范围内。

（五）供应商

供应商主要指的是施工材料、预制构配件以及机械设备供应商等，对于装配式建筑而言，项目选定的供应商提供的产品质量与最终项目的建筑产品质量有着直接而紧密的联系。材料供应商在传统和产业化的两条不同的产业链中处在不同的位置。在传统产业链中，材料供应商直接和建设单位对接，但在装配式建筑产业链中，材料供应商主要与预制构件厂对接，为预制构件的生产提供混凝土、钢筋等原料，在产业链中，建设单位与原料商的上下游关系中多了一层，形成了建设单位-预制构件厂-材料供应商的上中下关系。由于产业化前后对于材料的需求量变化很少，可以认为材料供应商在装配式建筑链条中的成本，价格及利润较传统方法保持不变。对于供应商供货的产品质量需要进行严格的把控，这是产业链所有工作中较为重要的一个环节。除了供应产品，配合设计单位完成构件生产图设计也是供应商工作的一项内容。

（六）施工单位

施工单位负责整个建筑工程项目的实施，预制装配件运输到施工现场后就需要施工企业完成装配施工，还需要解决施工中遇到的问题，与设计单位进行协调，保证工程质量。根据国外现有经验，施工单位在大力实施装配式建筑后可以大幅度缩减施工人员，加强管理力度，有利于公司的长远发展。但同时，标准化的装配式建筑工程对于施工人员及施工单位的素质均有更高的要求，无疑也增加了其运营的成本。

（七）顾客消费者

在传统的建筑产业链中，顾客处于产业链的最下游，没有自主参与的机会。而在装配式建筑产业链中，由于模块化，标准化的建筑模式，顾客可以在一定程度上选择自己喜欢的户型、家装等。同时，在价格保持稳定的基础上，产业化所带来的工期缩短以及绿色环保的优势都是对消费者切身的福利。另外，由于装配式建筑技术，标准体系发展还不够成熟，许多顾客对于装配式建筑的认知度不够，顾客的疑虑限制了他们对于装配式建筑的需求，从而影响着整条装配式建筑产业链的发展。

除去上述的装配式建筑产业链几个主要节点，产业链还有几个节点也在发挥着重要的作用，例如参与项目的金融机构、咨询机构等，虽然参与项目较少，不直接参与项目的建造过程，但是他们依然发挥着重要的作用，给装配式建筑项目提供着专业的权威的资源和支持，项目的顺利平稳运行需要这些单位的参与。产业链的节点环节紧密相连，互相影响，这就要求参与各环节建筑的设计院、预制构件厂、供应商、施工单位等产业链参与主体要高度配合。

第二节　装配式建筑产业链构建路径

装配式建筑区别于传统现浇结构的特点之一就是在建筑的全生命周期内存在大量可追溯的建筑信息流，而对这些信息的有效管理是优化装配式建筑产业链资源配置的基础。

目前，我国装配式建筑产业链仍处于发展初期，存在设计单位、施工企业、房地产开发商、预制构件生产商等多个产业链主体之间信息共享和主体协同作业程度低等问题，严重制约着装配式建筑全寿命周期内的生产效率与质量，不利于装配式建设行业生产力的持续提升。因此，如何提升产业链多主体之间的协同作业水平成为现阶段构建装配式产业链亟须解决的重要问题。

信息化为解决这些问题并促进装配式建筑产业链构建提供了一条重要路径。信息化是建筑业的未来发展趋势之一，我国政府在《国民经济和社会发展第十二个五年规划纲要》和《建筑业发展"十二五"规划》均明确提出将信息化作为"十二五"期间建筑业的重点发展领域。《2011—2015年建筑业信息化发展纲要》将"加快建筑信息模型、基于网络的协同工作等新技术在工程中的应用"作为"十二五"期间建筑业信息化的总体发展目标之一，并把"BIM、协同设计、无线射频、虚拟现实"等信息化技术作为改进传统建筑生产与管理模式、提升企业生产效率和管理水平的重要方式。以BIM为代表的建筑信息化技术能够加强装配式建筑产业链不同参与主体间的协同水平，为项目从概念到拆除的全生命周期内的决策提供可靠依据。

目前，装配式建筑和BIM在我国均处于初步发展和应用阶段，对装配式建筑与BIM的交叉应用和研究较少，国内建筑设计单位和房地产开发商尝试将BIM应用于装配式建筑的设计和施工过程的探索性实践较少。与传统建筑建设模式相比，装配式建设项目建设周期短、信息交叉多、协调难度大，参与者涉及众多专业和部门，其生命周期包括了从勘测、设计、工厂制造、现场装配、维护等多个阶段，如何通过实现装配式建设项目全生命周期和全产业链的信息协作，有效地协调产业链不同参与者之间的信息和利益关系，精确掌握施工进程，以缩短工期，降低成本，提高质量，既是当前装配式建设行业急需解决的现实问题，也是装配式建筑产业链构建过程中必须解决的关键问题。

BIM 等信息化技术对装配式建筑产业链的构建，不仅仅局限于产品子链整合中的信息整合，更重要的是，装配式建筑产业链上的各个行为主体可以把 BIM 作为信息载体，以该载体为基础促进项目各方的利益平衡，以促进质量、安全、进度为基础不断加强产业链纵向管理。结合装配式建筑的基本特点和 BIM 的使用特征，本章提出以下三种基于 BIM 的装配式建筑产业链构建实现路径。

一、基于 BIM 的装配式建筑产业链全寿命周期过程协同路径

过程协同是装配式建筑产业链多方主体实施目标协同的载体，其基础是信息协同。首先，在 BIM 中建立项目过程与相应信息的联系，确定过程信息协同的双向或多向信息传导与反馈方式。其次，建立基于 BIM 的装配式建筑全生命周期过程协同的总体模型，对工程项目的全生命周期及各个过程进行建模，对不同产业链组织形式下的全生命周期内各主体的相互交互、协调适应关系进行分析，消除项目过程中的各种非增值过程，使项目过程总体达到最优。

二、基于 BIM 的装配式建筑产业链多主体目标协同路径

装配式建筑项目的进度、成本、质量和资源多目标协同是 BIM 在产业链构建过程中应用的重要内容。按照进度、成本、质量和资源子系统协同的信息要求，明确实现上述子系统所需的装配式建筑项目全寿命周期的信息流及参与主体，根据以上目标提出相应的"信息—参与主体—目标"协调模型，建立基于 BIM 的单目标多方协同机制。考虑到多个单目标之间的耦合关系，可以采用多目标优化的方法来实现项目目标系统协同度的提升，对装配式建筑项目多目标协调度进行优化，从而实现装配式建筑产业链多主体的目标协同。

三、基于 BIM 和 RFID 的装配式建筑产业链多主体项目协同路径

BIM 和 RFID 在信息采集管理方面优势互补，建立基于 BIM 和 RFID 的信息管理模型有利于装配式建筑项目的全寿命周期管理。以物联网技术和移动信息处理载体为实施载体，根据产业链参与主体和项目管理业务流程的关系，建立基于 BIM 和 RFID 的装配式建筑项目多方协同实施过程模型，实现"业务-信息-参与主体"之间"信息采集-信息处理-信息应用"的全面整合，为实现装配式建筑全寿命周期内的多主体、多阶段实时协同提供现实基础。

第三节　基于信息化平台的装配式建筑产业链构建

根据上述构建路径及产业链参与主体，提出如图 3.1 所示的基于 BIM 和 RFID 的贯穿装配式建筑建设全寿命周期的产业链结构。

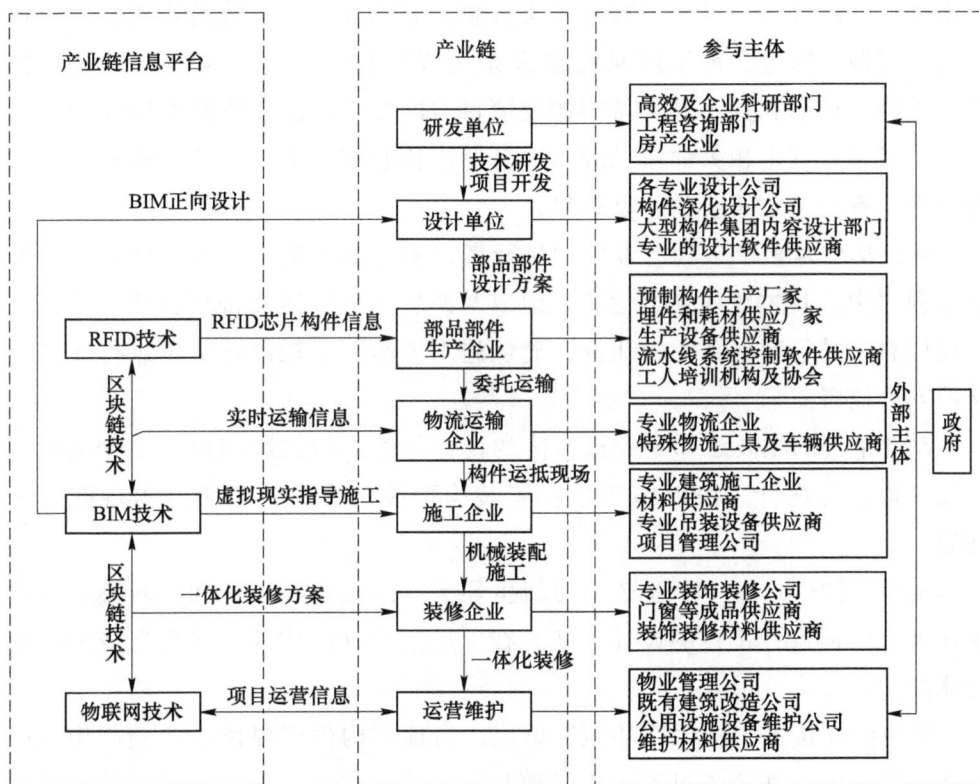

图 3.1　基于信息化平台的装配式建筑产业链结构

第四节　本 章 小 结

本章从全生命周期角度审视装配式建筑产业链，将装配式建筑产业链链节节点总结为决策与研发、设计、生产制造、施工装配、运营维护五个主要阶段，其参与主体为政府、建设单位、设计单位、预制构件厂、供应商、施工单位、顾客消费者，分析各阶段装配式建筑产业链参与主体的角度定位，并将 BIM 等信息技术作为信息载体，通过过程协同、目标协同、主体协同等构建路径，建立了基于 BIM 等信息技术的多主体协同的装配式建筑产业链结构。

一、各阶段装配式建筑产业链参与主体的角色定位

政府是整个产业链的外部主体，通过制定相关的法律法规来规范整个建筑市场，在项目建造过程中审核各类资料，起到批复、监管的作用，可以提供土地资源，通过土地供应意见征询来完成对装配式建筑项目的推广和监管。更能从社会利益出发，希望建设项目节能环保，能解决社会劳动力水平不足的问题，制定相关的激励政策或者标准化政策，维持建筑工业化市场的稳定性，有利于建筑业的转型升级。

建设单位是整个工程的策划和执行者，参与到了整个装配式建筑的开发全过程之中。其主要任务是竞买土地以及办理土地权属交接相关证件，获取市场信息，进行装配式立项研究，确认施工方案，委托监理单位进行质量和文明安全监督。

设计单位的主要工作是完成传统的设计任务，与预制构件厂协作进行标准化、模块化设计，协助施工单位安装构配件，解决施工阶段出现的技术问题。

预制构件厂是整个产业链中的新生环节，连接建设单位和原料商，其主要任务是依据设计单位的设计方案，在工厂生产预制构件，提高自身的物流运输能力。

供应商连接预制构件厂和施工单位，为预制构件厂提供生产预制构件所需要的原材料，在施工过程中提供原材料、施工机械、设备、建材等，材料质量与建筑产品的质量紧密相关。

施工单位通过必要的配套申请，开始工程的建设；施工过程中对现场进行管控，以机械化的施工方式完成现场预制的装配，并注重监控构件生产和运输的全过程；竣工以后提交工程结算等资料。

顾客是最终的消费者，提供装配式建筑的市场需求。

二、基于 BIM 的构建路径

以 BIM 信息为载体，为实现装配式建筑项目的进度、成本、质量和资源管理目标，建立了贯穿装配式建筑全生命周期多主体、多阶段、全过程的协同平台。

第四章 装配式建筑产业链事前可靠性设计

可靠性设计是事前考虑可靠性的一种设计方法，是一项最为中心的可靠性工作，具有战略意义。虽然可靠性设计只是可靠性工程中的一个环节，但却是保证系统可靠性最重要的环节，它为系统的可靠性水平奠定了基础。

构建产业链时，选择理想合作伙伴非常关键。由于产业链的管理主要是产业链企业之间关系的管理，企业自身的可靠性往往由企业的内部管理决定，但如果某个产业链节点企业的可靠性不高，会影响整个产业链系统。可以选择将可靠性不高的产业链节点企业淘汰出局并选择能达到可靠性目标的同类型企业代替它，或者选择其他同类的企业与其组成并联结构，以满足产业链可靠性的要求。根据可靠性的理论，在一个部件上并联一个部件会改善系统的可靠性。由于不同节点在整个产业链中的重要度不同，因此在构建产业链时，对影响产业链产品的最重要环节的企业要特别重视。要构建可靠的产业链系统，必须选择满足可靠性要求的合作伙伴。

同时要保证装配式建筑产业链的稳定发展，产业链上各相关企业的利益分配是关键。企业加入产业链是为了获得更高的利润，获得比独自生产更大的收益。当企业对产业链的利益分配比较满意的时候，他们会与其他企业步调一致的有所作为，形成一种良好的合作关系，即便是在短时期内他们的利益并没有得到满足；而当企业对利益的分配不满时，就会做出退出产业链的举措，更有甚者他们会对产业链实施破坏[1]。故有效的产业链利益分配机制，能提高企业的积极性，使各企业的合作关系形成良性循环，从而提升产业链的整体质量，促进产业链的健康发展。

第一节 可靠的装配式建筑产业链合作伙伴的选择

根据第二章中对装配式建筑产业链的界定，将装配式建筑产业链简化为"五大链节"，其结构如图 2.1 所示，装配式建筑产业链合作伙伴的选择也是基于此"五大链节"结构的。

一、装配式建筑产业链合作伙伴选择的三阶段模型

产业链是由上下游各链节企业构成的，各链节都有自己相对独立的业务，而每一链节或业务中又存在多家分散独立的企业，假设业务过程为设计、生产、施工等，设三个业务过程各有 x、y、z 个候选企业，则产业链就有 x、y、z 个合作伙伴的候选方案，而产业链往往不止三个业务活动，链节多，候选企业的数量也多，而且每个业务过程又可细分为更多的子过程，这样，合作伙伴的候选方案就会成级数倍增长，逐个对企业进行评价效率会很低，并且在实际操作中也缺乏可行性。探讨更高效合理的产业链合作伙伴选择方案就显得十分必要。

要构建优质的产业链，实现降低成本，提高利润，实现"1+1>2"的目标，必须将每个链节或业务中具有核心竞争力且文化彼此交融的企业联合在一起。装配式建筑产业链涉及研发、设计、生产、施工以及运营和维护五个阶段，五个阶段的业务相对独立，有的企业可能涉及一个业务，也可能涉及多个业务，对于涉及几个业务的企业，假定在每一链节中该企业都以独立的身份进入。为了选择具有核心竞争力的企业进入产业链，形成强大的产业联盟，本节提出装配式建筑产业链合作伙伴选择三阶段模型[144]，即初选-精选-优化组合三阶段模型，具体流程如图 4.1 所示。首先对准备组入装配式建筑产业链的各候选企业进行初选，该阶段仅进行定性分析，根据企业核心竞争力指标将不合格的企业剔除；然后根据各链节特有的评价指标，用 AHP 法（层次分析法）对初选企业进行排序，精选出各链节排名靠前的企业进入下一阶段的选择；最后建立基于工期（T）、质量（Q）、成本（C）、文化交融性（H）的多目标优化模型，采用蚁群算法实现装配式建筑产业链合作伙伴选择的优化组合。

二、第一阶段——初选指标的确定

装配式建筑产业链各链节企业业务范围不同，特性不同，但是都可以通过企业内在和外在的实力来反映其核心竞争力，进而为潜在合作伙伴的选择提供依据。为此，在进行潜在合作伙伴初选时，从企业内在和外在两方面入手，通过对不同领域合作伙伴选择的文献研究，并结合装配式建筑产业链各企业的业务特点，遵循科学、系统、全面的原则构建初选指标评价体系。

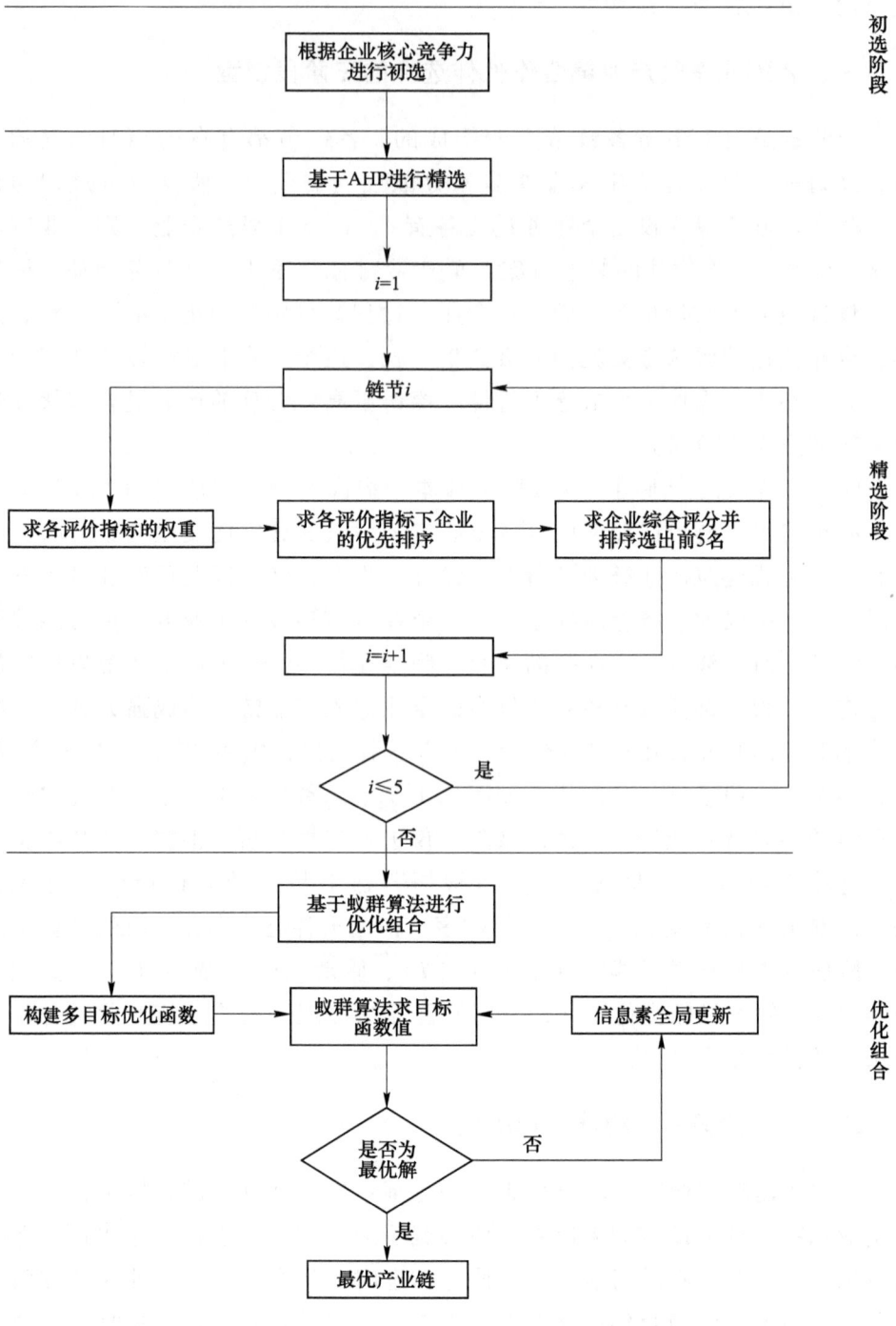

图 4.1 产业链合作伙伴选择三阶段模型

（一）企业内在评价指标

1. 人才培养机制

人才培养机制在装配式建筑的发展过程中尤为重要，目前装配式建筑的发展面临巨大的人才缺口，在产业链的五个链节中，每个环节都需要不同层次的人才，研发、设计和施工等阶段需要专业技术人员，生产和运营维护阶段需要专业的工人队伍。对于人才培养机制的评价采用建筑领域专家评分方法。

2. 产品或服务的质量

对于不同链节的企业来说他们提供的产品或服务的质量至关重要。进入建筑市场的企业向消费者提供有形的产品或无形的服务，在装配式建筑市场中，研发、设计提供相关智力服务；运营与维护企业提供相关管理服务；生产、施工企业提供相关的建筑产品。对于企业提供的产品或服务的质量从两个方面进行综合评价：一方面，企业提供产品或服务的等级；另一方面，已完成项目的客户满意度情况。

3. 管理运营能力

资源配置和业务管理贯穿产业链的全寿命周期，关系到项目全过程的运行效率，企业的管理模式和管理水平体现出企业未来的发展空间。对于各个链节的企业的管理运营能力从组织结构的管理能力及水平进行综合评价。

4. 财务状况

良好的财务状况是企业继续发展和运行的保障。对于企业的财务状况从资金实力、融资能力、资金周转能力等方面进行综合评价，主要通过企业提交的财务状况表，判断企业是否有承担某项工程项目的经济实力，对企业的财务状况进行综合打分。

5. 专利技术和创新能力

企业的创新竞争力尤其是产品或服务的创新力是企业发展活力和企业竞争力的核心。评定企业的创新能力从专利技术持有量和质量等方面进行评价。

（二）企业外在评价指标

1. 企业的信誉和声誉

企业的信誉和声誉是企业在生产经营过程中积累的社会认可度，即业界的口碑。组入产业链的各企业的社会信誉和声誉是产业链稳健运行的关键。对于企业的信誉和声誉可以从企业资质等级、项目履约率、历史项目荣誉等方面进行综合评价。

2. 企业文化

企业的文化建设有助于增强企业内部凝聚力，营造和谐的企业氛围，激发员工积极性和创造性。对于企业文化的评价主要从企业经营理念、企业核心价值观以及企业形象等方面入手进行综合评价。

3. 企业环境

企业环境[145]影响企业管理决策和生产经营活动，此处包括地理环境、经济环境、科学技术环境等，因为企业环境是一个相互依存、相互制约并且不断变化的各项环境指标有机结合的系统，企业环境的综合评价采用有关专家综合打分的方法确定。

综上所述，合作伙伴初选指标见表 4.1。

表 4.1 合作伙伴初选指标

评价方向	评价指标
企业内在（80%）	人才培养机制（15分）
	产品或服务的质量（25分）
	管理运营能力（15分）
	财务状况（20分）
	专利技术与创新能力（25分）
企业外在（20%）	企业信誉和声誉（40分）
	企业文化（30分）
	企业环境（30分）

除上述指标外，在选择企业时，还考虑企业的经验业绩以及是否有组入产业链的合作意愿。

初选阶段，在对企业的各项指标进行定性分析的基础上，采用专家综合打分法和线性权重法[146]相结合的方法对各项指标进行定量评价。选择综合评分前50%的企业进入第二阶段的精选。

三、第二阶段——基于 AHP 的精选

初选后，假设各链节选出进入下一阶段精选的企业分别有 9 家、7 家、8 家、9 家和 6 家。虽然企业数目有所减少，但是通过直接组合优选出最优产业链仍存在一定的困难，因此，本阶段根据装配式建筑产业链各链节企业的不同特点，构建针对不同业务过程的评价指标，并基于 AHP 进行分析，选取每个业务过程的优类企业群。

（一）装配式建筑产业链五大链节的评价指标

根据装配式建筑产业链各链节企业的特点和所承担的角色选择各链节特有的指标作为精选阶段的评价指标，见表 4.2。

表 4.2　各链节评价指标及解释

链节	评价指标	指标解释
研发	研发场地	实验室、研究中心及研究器材的数量及等级
	研发经费	研究项目进行的前提
	研发技术力量	研发企业的核心竞争力
	研发课题相关度	与装配式建筑的相关度
	研发成果	研发企业研究能力最有力的证明
设计	工程设计资质	设计优势及设计效率的保证
	类似项目设计经验和相关人才	设计力量及设计经验是设计能力的体现
	BIM 等信息技术应用	提高设计准确率
	项目成本控制能力	降低建筑成本投入
	设计产品质量与客户满意度	抗震性能与安全性能评价
生产	基础生产设施配备情况	生产设备是生产的前提
	人员操作等技术能力	装配式建筑生产力
	生产材料供应能力	建材质量及供应能力
	生产质量和效率	生产力水平的高低
	企业成本控制水平	节约生产成本的可能性

链节	评价指标	指标解释
施工	施工经验和水平	经验积累和施工工艺
	施工专业技术人员	保证施工质量的前提
	BIM建模模拟能力	加强现场质量与安全控制
	质量监管能力	施工质量把关，建筑质量的有力保证
	关键机械设备	施工快速有序进行的前提
运营及维护	服务范围	服务范围的大小
	安全管理理念	安全管理意识和理念
	企业资质等级	提供服务的质量水平
	运营维护的人力物力	保障问题解决的及时性
	运营管理经验	危机处理的灵活性

（二）基于 AHP 的精选

AHP方法是一种基于定性和定量分析的多准则决策方法。其基本原理是基于目标层、准则层、方案层的递阶结构，利用 Saaty 推荐的数字 1~9 及其倒数作为标度[147]，对每个企业评价指标和评价指标下的相对优劣进行排序，并依次构造判断矩阵，以判断矩阵中最大特征根对应的特征向量为相应的系数，计算出各指标的权重，从而确定优先级[148]。

对于构建的判断矩阵，应进行一致性检验，即满足 $CR<0.10$，确定判断矩阵是否可行。其中，$CR = \dfrac{CI}{RI}$，$CI = (\lambda_{max} - n)/(n - 1)$，$\lambda_{max}$ 为判断矩阵的最大特征值，n 为评价指标的数量，平均随机一致性指标 RI 的取值，见表4.3。

表4.3 RI 的取值

n	1	2	3	4	5	6	7	8	9
RI	0	0	0.58	0.90	1.12	1.24	1.32	1.41	1.45

以研发链节为例（用 B，$i = 1, 2, \cdots, 5$ 依次表示研发链节各评价指

标)，利用 AHP 法进行候选企业的精选。步骤如下。

（1）构建企业评价指标的判断矩阵，确定链节中各评价指标的权重。

评价指标的判断矩阵 R_1 见表4.4。

表4.4　研发企业评价指标的判断矩阵

评价指标	B_1	B_2	B_3	B_4	B_5
B_1	1	1/7	1/5	1/4	1/3
B_2	7	1	4	5	6
B_3	5	1/4	1	3	4
B_4	4	1/5	1/3	1	2
B_5	3	1/6	1/4	1/2	1

1）借助 MATLAB 求出判断矩阵 R_1 的最大特征根：$\lambda_{max} = 5.2849$，与其相应的特征向量 $V_R = \{\alpha_i \mid i \in [1, 5]\} = (0.0693, 0.8874, 0.3905, 0.1966, 0.1288)$。

2）计算一致性比例：

$$CI = (\lambda_{max} - n)/(n - 1) = \frac{5.2849 - 5}{5 - 1} = 0.0712 \qquad (4.1)$$

已知 $n = 5$，查得 $RI = 1.12$，故

$$CR = \frac{CI}{RI} = 0.0636 < 0.10 \qquad (4.2)$$

由此认为判断矩阵的一致性可以接受。

3）确定每个评价指标的权重，将特征向量归一化：

$$\omega_{B_i} = \frac{\alpha_i}{\sum_{i=1}^{5} \alpha_i} \quad (i = 1, 2, \cdots, 5) \qquad (4.3)$$

得到研发链节中各指标的权重依次为 $\omega_{B_1} = 0.0414$，$\omega_{B_2} = 0.5306$，$\omega_{B_3} = 0.2335$，$\omega_{B_4} = 0.1175$，$\omega_{B_5} = 0.0770$。

（2）构建评价指标下该链节企业的判断矩阵，确定企业在指标下的优先级。

该过程需要在研发链节的五个评价指标基础上依次对进入该阶段的 9 个企业进行比较，得出各评价指标下企业的相对优势。以研发技术力量指标 B_2

为例进行说明。

9 家企业在 B_2 指标下的相对优势判断矩阵，见表 4.5。

表 4.5　9 家研发企业在 B_2 指标下的判断矩阵

候选企业	A_1	A_2	A_3	A_4	A_5	A_6	A_7	A_8	A_9
A_1	1	1	1/6	4	3	1/7	1/3	1/7	1
A_2	4	1	1/4	7	5	1/5	1	1/5	3
A_3	6	4	1	8	7	1	4	1/3	5
A_4	1/4	1/5	1/8	1	1/3	1/8	1/5	1/9	1/4
A_5	1/3	1/5	1/7	3	1	1/8	1/5	1/8	1/3
A_6	7	5	1	8	8	1	6	1/3	7
A_7	3	1	1/4	5	5	1/6	1	1/5	3
A_8	7	5	3	9	8	3	5	1	7
A_9	1	1/3	1/5	4	3	1/7	1/3	1/7	1

按照 1）中的步骤求出 9 家企业在指标 B_2 下的相对优势依次为 0.0424、0.0814、0.1856、0.0161、0.0222、0.2223、0.0732、0.3193、0.0375，对其进行处理，将 B_2 指标下占相对优势最大的企业的值为 1.000，得各企业的相对优势 $\omega_{2j}(j = 1, 2, \cdots, 9)$ 依次为 0.1328、0.2549、0.5813、0.0504、0.0695、0.0698、0.2293、1.0000、0.1174。

同理可得，在其他指标 B_1、B_3、B_4、B_5 下各研发企业的相对优势，见表 4.6。

表 4.6　评价指标下各研发企业的相对优势

评价指标	候选企业								
	A_1	A_2	A_3	A_4	A_5	A_6	A_7	A_8	A_9
B_1	0.122	0.049	0.099	0.339	0.585	0.088	1.000	0.355	0.189
B_2	0.133	0.255	0.581	0.050	0.069	0.070	0.230	1.000	0.117

评价指标	候选企业								
	A_1	A_2	A_3	A_4	A_5	A_6	A_7	A_8	A_9
B_3	0.107	0.330	0.490	0.051	0.070	0.512	0.215	1.000	0.128
B_4	0.142	0.055	0.060	1.000	0.427	0.102	0.091	0.463	0.161
B_5	0.571	0.376	0.935	1.000	0.059	0.144	0.136	0.081	0.268

（3）计算企业综合评价分数。以 A_1 企业为例，其综合评分 $S_{A_1} = \sum_{i=1}^{5} \omega_{i1}\omega_{B_i} = 0.1611$。

同理可得其他企业综合评分，具体分值见表4.7。

表4.7　各研发企业在评价指标下的综合评分

候选企业	A_1	A_2	A_3	A_4	A_5	A_6	A_7	A_8	A_9
综合评分 S_{A_i}	0.161	0.250	0.506	0.247	0.132	0.183	0.235	0.840	0.140

根据综合评分对企业进行优先排序，依次为 A_8、A_3、A_2、A_4、A_7、A_6、A_1、A_9、A_5。

同理可得，设计、生产、施工、运营和维护四个链节中各个企业的综合评分，从而确定各链节企业的优先排序。

基于装配式建筑在中国兴起的时间较短，从事装配式建筑业务的企业还不多，择优确定每一链节综合评分排名前五的企业进入第三阶段的优化组合。进而最终确定组入产业链的企业名单。

四、第三阶段——基于蚁群算法的优化组合

经过初选和基于 AHP 法的精选，得到企业的综合排序。考虑到企业间的优势互补，将综合指标评价最高的企业直接组入产业链，得到的产业链不一定是最优的，为了实现产业链整体最优，对第二阶段精选过程选择出的排名前五位的企业（用 E_{ij} 表示第 i 链节排名第 j 位的企业），进行第三阶段基于蚁群算法的优化组合。

（一）产业链合作伙伴优化组合问题描述

组建装配式建筑产业链的目的是实现产业链整体利益的最大化，实现各企业共赢。因此从整体来看，产业链希望以最短的工期（T）、最低的成本（C）、最高的质量（Q）来完成建设项目，同时要求产业链上下游企业具有较强的文化交融性（H），拥有相同的核心价值体系，能够相互信任形成一定的默契度。

设 $Y = \{y_i \mid i \in [1, 5]\}$，表示装配式建筑产业链五个链节的集合，$B_i = \{b_{ij} \mid j \in [1, m_i]\}$，$i = 1, 2, \cdots, n$，表示链节 y_i 中的候选企业的集合，m_i 为完成链节 y_i 的候选企业集合的个数。$P_{ij} = \{t_{ij}, q_{ij}, c_{ij}, h_{ij}, \cdots\}$，表示企业 b_{ij} 完成业务 y_i 的指标参数的集合，其中 t_{ij} 表示时间，q_{ij} 表示质量，c_{ij} 表示成本，h_{ij} 表示文化交融性，对于定性指标采用专家评分办法进行取值处理。T 为完成整个产业链的总工期、Q 为总质量、C 为总成本、H 为企业文化交融性。这一阶段的任务就是选择产业链使 $F = f_1, f_2, \cdots, f_n$ 且 $F \cap B_i = \{f_i\}$，$i = 1, 2, \cdots, 5$，使得 $\min T$；$\max Q$；$\min C$；$\max H$。将这个问题转化成多目标优化问题，优化的目标函数如下：

$$\min Z = W_1 T + W_2 Q' + W_3 C + W_4 H' \tag{4.4}$$

根据不同工程对于时间、质量、成本、企业文化的不同要求确定 W_k 的值，要求满足 $\sum_{k=1}^{4} W_k = 1$，$0 \leqslant W_k \leqslant 1$。在本文中 $W_1 = 0.2$，$W_2 = 0.4$，$W_3 = 0.3$，$W_4 = 0.1$。

多目标优化问题的约束条件为

$$T = \sum_{i=1}^{n} \sum_{j=1}^{m_i} \frac{t_{ij}}{t_{\max}} \cdot u_{ij}$$

$$Q' = \sum_{i=1}^{n} \sum_{j=1}^{m_i} \left(1 - \frac{q_{ij}}{q_{\max}}\right) \cdot u_{ij}$$

$$C = \sum_{i=1}^{n} \sum_{j=1}^{m_i} \frac{c_{ij}}{c_{\max}} \cdot u_{ij}$$

$$H' = \sum_{i=1}^{n} \sum_{j=1}^{m_i} \left(1 - \frac{h_{ij}}{h_{\max}}\right) \cdot u_{ij}$$

其中

$$u_{ij} = \begin{cases} 1 & \text{选择} b_{ij} \\ 0 & \text{否则} \end{cases} \qquad (4.5)$$

t_{max}，q_{max}，c_{max}，h_{max}表示所有候选企业完成各链节活动的各项指标的最大值。

根据以上描述，解决装配式建筑产业链合作伙伴选择的多目标优化问题的目的是选择合作伙伴的最优组合，从而发挥上下游企业相互协作的优势，以实现整体利益的最大化。蚁群算法（ACO）是基于蚂蚁在食物搜索过程中行为的一种概率计算方法。利用该方法可以处理许多优化问题，其中最典型的是旅行商问题，也称为 TSP 问题，在这类问题中，已知 N 个城市和它们相互之间的距离，旅行商从某城市出发遍历 N 个城市后再回到始发城市，在每个城市都只访问一次的前提下确定一条最短路径[149]。其原理是，当蚂蚁觅食的时候，它们会随机选择一条路径行走，并且在行走的过程中会产生一种叫信息素的物质，留在所走的路径上，随着迭代次数的增加，某一条路径的信息素浓度增加，成为信息素密集型路线，最后大部分蚂蚁会选择这条信息素密集型路线行走，这样便找到了一条最短也就是最优的路径[150]。因此，本书采用蚁群算法来解决装配式建筑产业链的多目标优化问题。

（二）基于蚁群算法的优化组合

将组入产业链的每个链节的候选企业看作蚂蚁爬过的路径，优化组合即寻找蚂蚁爬过的路程最短的那条路径，也就是在各个企业中顺序选择一条产业链，使其达到多目标优化的目标函数。

记：m 为蚂蚁的数量；$\tau_{ij,pq}(t)$，i，$p = 1$，2，$\cdots$，n，且 $|i-p| = 1$，$j = 1$，2，$\cdots$，m_i，$q = 1$，2，$\cdots$，m_p，表示企业 e_{ij} 和 e_{pq} 连线上 t 的信息素的轨迹强度，是蚂蚁从企业 e_{ij} 向 e_{pq} 移动的动力，在初始时刻，各条边上的信息素轨迹强度相等，设 $\tau_{ij,pq}(0) = C$（常数）。

蚁群算法的数学模型。

（1）转移概率公式：

$$P_{ij,pq}^{k}(t) = \begin{cases} \dfrac{[\tau_{ij,pq}(t)]^{\alpha}[\eta_{ij,pq}]^{\beta}}{\sum\limits_{u=1}^{m_p}[\tau_{ij,pq}(t)]^{\alpha}[\eta_{ij,pq}]^{\beta}}, & \text{如果} e_{pq} \text{可以选择} \\ 0, & \text{否则} \end{cases} \qquad (4.6)$$

式中，$\eta_{ij,pq}$ 是蚂蚁由企业 e_{ij} 向企业 e_{pq} 移动的启发函数；α 表示信息素轨迹强度；β 表示启发函数的重要性。

（2）信息素更新公式：

$$\tau_{ij,\,pq}(t+1) = \rho \cdot \tau_{ij,\,pq}(t) + \sum_{k=1}^{m} \Delta\tau_{ij,\,pq}^{\ k}$$

$$\Delta\tau_{ij,pq}^{\ k} = \begin{cases} \dfrac{Q}{L_k}, & \text{蚂蚁 } k \text{ 在此循环中经过路径}(e_{ij}, e_{pq}) \\ 0 & \text{否则} \end{cases} \qquad (4.7)$$

式中，信息挥发率为 $(1-\rho)$，$0 \leqslant \rho \leqslant 1$，$\Delta\tau_{ij,\,pq}^{\ k}$ 为本次循环路径 $(e_{ij},\ e_{pq})$ 上的信息素的增量；L_k 为蚂蚁 k 在本次循环中的目标函数值。

利用 MATLAB 编程实现产业链合作伙伴最优化步骤如下：

（1）参数初始化，给 α、β、ρ、m、n、$\tau_{ij,\,pq}(0)$、$\Delta\tau_{ij,\,pq}$、NC、Q 等参数赋值。杨锐锐[31]通过实验确定得出优化求解性能较好的参数值为 $\alpha=1$，$\beta=[3,5]$，$\rho=0.1$，在此基础上进行最优化处理；

（2）将 m 只蚂蚁随机地分配到组入产业链的 $\sum\limits_{i=1}^{n} m_i$ 个企业上；

（3）蚂蚁在运动过程中，根据路径中信息素的浓度确定转移方向，式（4.6）即蚂蚁 k 向下一链节企业 e_{pq} 转移的概率，每只蚂蚁均按照转移概率选择下一个业务过程的企业，直到所有蚂蚁均完成五个链接企业的选择，完整的产业链条形成；

（4）当 m 只蚂蚁均完成上述循环过程，计算每只蚂蚁所对应的目标函数值 $\min Z$，如果计算的目标函数值高于最小目标函数值，则继续计算，否则用其替换当前的最小目标函数值，并保留该路径为最优路径，即最优产业链；

（5）在蚂蚁完成一个周期的循环后，对每条路径上的信息素浓度进行更新。信息素更新有两种方式，局部更新和全局更新，考虑到全局更新对每一次循环中最优的蚂蚁使用，因此此处按照式（4.7）对信息素进行更新；

（6）如果未到设置的搜索次数或者所有的蚂蚁走的不是同一条路径，令 $\Delta\tau_{ij,pq}=0$，转到步骤（2）进入下一次循环，否则输出为最优路径，即产业链合作伙伴最优组合。

运用 MATLAB 软件编程，设置蚁群算法的最大迭代次数 $NC=200$，$Q=100$，其迭代次数与目标函数值的对应关系见表 4.8，经过多次迭代，适应度进化曲线在第 7 代趋于稳定，得到的目标函数值是 0.5575。

表 4.8　适应度进化曲线中迭代次数与目标函数值的对应关系

迭代次数	1	2	3	4	5	6	7	8	9	10
目标函数值	0.160	0.391	0.391	0.391	0.391	0.391	0.558	0.558	0.558	0.558

　　每个链节选择综合排序前五名的候选企业进入第三阶段，对进入优化组合阶段的 25 家企业进行排列组合，有 $5^5 = 3125$ 种选择方案。本文建立了基于工期（T）、质量（Q）、成本（C）、文化交融性（H）的多目标优化函数，借助于 MATLAB 软件，采用蚁群算法求解，在求解的过程中记录每次迭代的最优路线，最终得到产业链合作伙伴选择的最佳组合：E_{12}，E_{23}，E_{32}，E_{41}，E_{51}，如图 4.2 所示。

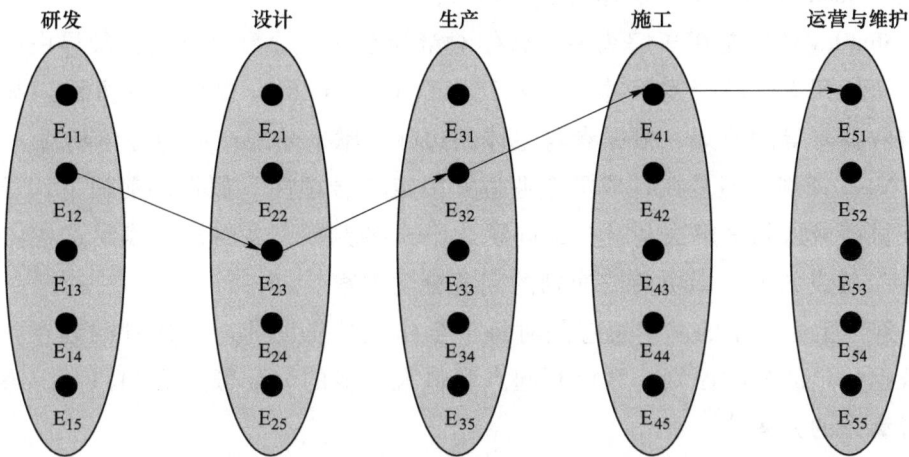

图 4.2　最优合作伙伴组合

第二节　可靠的装配式建筑产业链利益分配机制

　　装配式建筑产业链上的主要利益相关企业包括房地产企业、规划设计单位、部品部件生产企业、物流运输企业、装配施工企业及房产销售代理机构。这些独立经营的企业通过供应关系、业务关系或技术关系联系起来，为了获得更高的利润，各企业间进行资源的优化配置和信息共享，通过产业链合作实现整体利益的最大化。而科学、合理的利益分配机制是各企业合作的基础，是保证产业链成功运行和健康发展的关键所在。

目前，我国装配式建筑尚处于探索发展的初级阶段，装配式建筑产业链发展还不成熟。为了促进产业链的健康发展，建立合理有效的装配式建筑产业链利益分配机制是亟须解决的一个问题。

装配式建筑产业链同其他产业链一样都是由上下游多家企业合作而形成的，他们通过合作来实现利润最大化或成本最小化的共同目标，他们都为合作项目做出了贡献，各自应当获得一定比例的收益。收益如何分配涉及产业链每个成员的切身利益，必须选取合理的方法。产业链合作企业间的利益分配应满足公平、效益的原则，为使产业链上各企业的收益均衡，往往采用博弈理论进行利益的分配，即使用博弈的手段，使产业链上的各企业都获得一个合理满意的收益。基于博弈理论的利益分配方案有多种，主要有 shapley 值法、Nash 谈判模型和群体重心模型等。

Shapley 值法是用于解决多人合作对策问题的一种数学方法，最早由美国洛杉矶加州大学教授罗伊德·夏普利（Lloyd Shapley）提出。此方法遵循贡献与收益对等的原则，根据参与主体的边际贡献来分配产业链整体利益。

Nash 谈判模型是在各成员企业遵守一定"合理性"假设的前提下，通过相互协商或谈判来解决利益分配问题。Nash 谈判模型的解即为满足这些"合理性"假设的解，即协商或谈判的利益分配方案。

群体重心模型的基本思想是对每个合作成员先设计一个谈判的起点，然后根据一定的分配原则，在谈判起点和最大可能的分配额度之间协商，得出相对满意的方案[151]。

在这三种基于博弈理论的利益分配方案中，Nash 谈判模型是通过谈判或协商来确定利益分配方案，如果谈判破裂，存在一方收益接近于 0 的情况。群体重心模型从表面上看是在追求一种调和，而在实际运行中是通过协调和补充的过程来实现其合理性，以此来减少因考虑不周而造成的偏差。而 Shapley 值法是一种基于个体对整体贡献度的分配方法，它视产业链各合作方为平等企业，根据每个合作成员对该产业链的贡献大小来分配利益，打破了平均分配或以资源投入为依据进行分配的做法，突出反映了各个成员在合作中的重要性，更科学、合理，易于被各方接受，并且可以激励个体成员通过自身努力，加大对产业链的贡献力度，为产业链利益分配提供有效的思路，有利于装配式建筑产业链的整合。将 Shapley 值法用于装配式建筑产业链合作各方的利益分配是合理可行的。

基于 Shapley 值的利益分配方法在众多领域都有应用，各学者还根据应用领域的特点进行了合理改进。廖奇云等[152]将 Shapley 值法用于房地产合作开发项目的利益分配，并结合房地产开发的特点，综合考虑努力程度、资金投入、无形资产、风险分摊等影响因素对 Shapley 值法进行了修正。何立华等[153]将合同能源管理模式应用于绿色建筑，并引用 Shapley 值法对利益相关方进行收益分配。余振养[154]采用 Shapley 值法分析服装全产业链的利益分配问题，并将风险、技术创新、成员投入作为修正因子引入 Shapley 模型中。姚冠新等[155]将 Shapley 值法用于配送中心动态联盟的利益分配，并基于投入成本和风险分别得到了利益分配值，最终利益分配值是考虑了贡献、投入成本和风险三个因素权重的加权利益分配值。胡盛强等[156]应用 Shapley 值法研究了由供应商、制造商、批发商与零售商组成的四级供应链利润分配问题。戴建华[157]、李靓等[158]将 Shapley 值法用于联盟企业的利润分配，并引入风险因子进行 Shapley 值的修正算法。俞天舒等[159]在利益分配模型中引入不确定性提出了区间 Shapley 值，并用实际案例实证分析证明了模型的实用性。马士华、王鹏[160]引入技术创新激励指数修正 Shapley 值算法。

围绕装配式建筑项目的产业链合作企业构成了一个大的联盟，联盟中的各企业相互合作带来一定的收益，利用 Shapley 值法对收益进行分配。考虑到建筑行业的特殊性及装配式建筑产业链发展不成熟的现状，在传统 Shapley 值法的基础上，将风险分担、信息共享、技术创新、企业投入作为影响因素对 Shapley 值修正，建立修正 Shapley 值利益分配模型。

一、传统 Shapley 值模型

假设 $I = \{1, 2, 3, \cdots, n\}$，对于 I 的任一子集 S 都有

$$V(\phi) = 0 \tag{4.8}$$

$$V(S_1 \cup S_2) \geqslant V(S_1) + V(S_2), S_1 \cap S_2 = \phi \tag{4.9}$$

$[I, V]$ 被称为 n 个企业的合作博弈，在 N 个企业的 shapley 值利益分配中，合作联盟的共同利益记为 $Y_i(V) = \{Y_1(V), Y_2(V), \cdots, Y_n(V)\}$，其中 $i \in \{1, 2, \cdots, n\}$。

$$Y_i(V) = \sum_{S_i \in S} W(|S|)[V(S) - V(S/i)] \quad (i = 1, 2, \cdots, n) \tag{4.10}$$

$$W(|S|) = \frac{(n-|S|)!\,(|S|-1)!}{n!} \tag{4.11}$$

式中，S 是集合 I 的子集；$|S|$ 是子集 S 中企业的个数；$W(|S|)$ 是加权因子；$V(S)$ 是子集 S 获得的收益；$V(S/i)$ 是子集 S 中去掉企业 i 后获得的收益，表示企业 i 对产业链组合的贡献效益[161]。

Shapley 值法是基于概率的分析。从本质上看，Shapley 值是按照企业对产业链的边际贡献的大小来决定企业的收益，在很大程度上能够体现利益分配的公平合理性。

二、基于 Shapley 值的装配式建筑产业链利益分配模型

在装配式建筑产业链中，设计单位、部品部件生产企业、物流运输企业和装配施工企业是生产建筑产品的主要利益相关者，视为合作博弈 (I, V)。其中 $I=$（设计单位，部品部件生产企业，物流运输企业，装配施工企业），V 为各企业组入产业链后产业链的整体收益。利用 Shapley 值法对不同的产业链组合进行求解，可得到各产业链成员企业理论上的收益值。

考虑由一个设计单位 A、一个部品部件生产企业 B、一个物流运输企业 C 和一个装配施工企业 D 构成的生产链条。则由这四个企业所组成的不同合作联盟的非空子集如下：

子集 $S=\{$ 设计单位 $\}$，表示设计单位独自完成设计工作，自己投资，承担项目风险。此时，V（设计单位）表示设计单位完成相应工作时的收益。以此类推 $S=\{$ 部品部件生产企业 $\}$ 及相应的 V（部品部件生产企业）等。

子集 $S=\{$ 设计单位，部品部件生产企业 $\}$，表示设计单位和部品部件生产企业相互合作共同完成相应的工作。V（设计单位，部品部件生产企业）表示设计单位和部品部件生产企业合作后所产生的总收益。以此类推 $S=\{$ 部品部件生产企业，物流运输企业 $\}$ 及相应的 $V(S)\cdots$，I 集合中的企业两两组合。

子集 $S=\{$ 设计单位，部品部件生产企业，物流运输企业 $\}$，表示由任意三家企业相互合作组成的联盟，以及相应的联盟收益 $V(S)$。

子集 $S=\{$ 设计单位，部品部件生产企业，物流运输企业，装配施工企业 $\}$，表示四家企业相互合作组成的联盟，以及相应的联盟收益 $V(S)$。

基于 Shapley 值理论的装配式建筑产业链收益分配方案（以 A 企业为例）见表 4.9。

表 4.9　A 企业收益分配方案

Shapley 值计算	企业合作形式							
	A	A∪B	A∪C	A∪D	A∪B ∪C	A∪B ∪D	A∪C ∪D	A∪B∪C ∪D
$V(S)$	$V(A)$	$V(AB)$	$V(AC)$	$V(AD)$	$V(ABC)$	$V(ABD)$	$V(ACD)$	$V(ABCD)$
$V(S/i)$	0	$V(B)$	$V(C)$	$V(D)$	$V(BC)$	$V(BD)$	$V(CD)$	$V(BCD)$
$V(S)-V(S/i)$	$V(A)$	$V(AB)-V(B)$	$V(AC)-V(C)$	$V(AD)-V(D)$	$V(ABC)-V(BC)$	$V(ABD)-V(AD)$	$V(ACD)-V(CD)$	$V(ABCD)-V(BCD)$
$\lvert S\rvert$	1	2	2	2	3	3	3	4
$W(\lvert S\rvert)$	$\frac{1}{4}$	$\frac{1}{12}$	$\frac{1}{12}$	$\frac{1}{12}$	$\frac{1}{12}$	$\frac{1}{12}$	$\frac{1}{12}$	$\frac{1}{4}$
$W(\lvert S\rvert)$ $V(S)-V(S/i)$	$V(A)/4$	$[V(AB)-V(B)]/12$	$[V(AC)-V(C)]/12$	$[V(AD)-V(D)]/12$	$[V(ABC)-V(BC)]/12$	$[V(ABD)-V(AD)]/12$	$[V(ACD)-V(CD)]/12$	$[V(ABCD)-V(BCD)]/4$

则 A 企业参与的所有合作联盟产生的收益 $Y(V)$ 为：

$$Y_A(V) = \sum_{S_i \in S} W(\lvert S\rvert)[V(S) - V(S/i)]$$

$$= V(A)/4 + [V(AB) - V(B)]/12 + [V(AC) - V(C)]/12 + [V(AD) - V(D)]/12 + [V(ABC) - V(BC)]/12 + [V(ABD) - V(AD)]/12 + [V(ACD) - V(CD)]/12 + [V(ABCD) - V(BCD)]/4$$

三、基于修正 Shapley 值的装配式建筑产业链利益分配模型

在以上基于 Shapley 值理论的装配式建筑产业链利益分配模型中仅考虑了单个企业的边际贡献，而忽略了一些其他因素。为了更加切合实际，我们可以根据装配式建筑产业链的特点，分析影响其利益分配的因素，将其作为修正因子对 Shapley 值进行修正计算，使利益分配方案更加公平合理。

（一）风险分担

装配式建筑产业链不是独立存在的，它处于一定的外部环境中，遇到风险是必不可少的。产业链中的上下游企业，由于所处的位置不同导致所面临的风险也不同。如对于创新的户型设计或业主设计意图的改变都会给设计单

位带来风险，构配件标准化模数的变革，将给构件生产厂家带来风险。因此，在确定收益分配方案时要考虑各企业的风险分担[162]。

风险因子的计算。在基于传统 Shapley 值的利益分配方案中认为装配式建筑产业链成员企业承担的风险是相同的，均为 $1/n$。但在项目实际运营中，设计单位、部品部件生产企业、物流运输企业和装配施工企业由于各单位的社会分工不同、投入的资源不同、产出的产品不同、在产业链中所处的位置不同，所面临的风险必然不同。

根据装配式建筑的特点及其涉及的利益相关者，将装配式建筑项目建设过程中发生的风险因素分为市场风险、经济风险、环境风险及建设风险。市场风险主要是指市场对装配式建筑的需求量发生了改变或国家对发展装配式建筑的政策出现变动，造成项目收益的不确定性或损失；经济风险主要指企业内的资金短缺或贷款利率风险和通货膨胀风险，在项目建设期内，由于当地通货膨胀导致的利率变化或货币贬值导致的项目不确定性；环境风险主要指自然环境发生改变如在项目建设过程中不可抗力事件比如地震等自然灾害的发生导致的项目的不确定性；建设风险涉及项目设计风险、施工风险及资金风险，由于一个项目的建设周期比较长，在项目建设过程中若出现技术创新而使原设计方案或原施工方案落后或在设计过程中出现失误、违规或施工过程中出现工期延误、质量问题或建设资金出现问题等导致项目的不确定性。

假定产业链成员企业 i 的总风险系数为 r_i，则

$$r_i = 1 - (1 - R_{1i})(1 - R_{2i})(1 - R_{3i})(1 - R_{4i}) \qquad (4.12)$$

假定计算得出每个产业链成员的风险分担大小为：

$$R(r_1, r_2, \cdots, r_n), \sum_{i=1}^{n} r_i = 1 \qquad (4.13)$$

则产业链成员 i 由风险分担所获得的收益分配增量为：

$$\left(r_i - \frac{1}{n}\right) \times V(n) \qquad (4.14)$$

其中 $V(n)$ 表示所有节点企业都参与产业链时所获得总利益。

（二）信息共享

我们处在一个信息膨胀的时代，在建筑行业大力发展 BIM 技术的当下，

信息的快速传递能为企业抢得市场先机，对市场做出快速反应。对装配式建筑产业链来说，不论是国家政策的变动和导向，还是消费者需求的变化，或是构配件厂商的资质、供货能力或产品质量，或设计、施工单位的口碑，信息都起着至关重要的作用。准确、快速的信息是产业链稳定运行的保障，为了激励产业链成员企业提供有价值的信息，在利益分配方案中可以加入信息因素，对 Shapley 模型进行修正。

信息因子的计算。在传统 Shapley 值模型中，因没有考虑信息共享的影响，故认为产业链各参与方的信息共享比重是一样的，即 $1/n$。对每个产业链成员共享信息的价值进行评估，并进行归一化处理，假定每个产业链成员提供的共享信息价值为：

$$X(x_1, x_2, \cdots, x_n), \sum_{i=1}^{n} x_i = 1 \tag{4.15}$$

则产业链成员 i 由信息共享带来的分配收益增量为：

$$\left(x_i - \frac{1}{n}\right) \times V(n) \tag{4.16}$$

（三）技术创新

装配式建筑在我国还属于新兴事物，在设计、生产、施工各方面还需要技术创新来推动装配式建筑的发展，完善装配式建筑产业链。在设计上，进行模块化的正向设计，开发新的模数化、标准化的部品部件体系，统一设计标准；在生产制作中，先进的流水生产线，可以多变的模具组合，通过技术创新，在保证预制构件安全的情况下，减小其厚度，以节省材料降低造价；在装配施工中，要创新构件连接技术，保证结构的整体安全。在产业链协同方面，也需要技术创新提高各参与方耦合度。为激励产业链各节点企业的创新热情，在利益分配上将技术创新贡献考虑进去。

技术创新因子的计算。假设每个产业链成员的技术创新贡献为

$$T(t_1, t_2, \cdots, t_n), \sum_{i=1}^{n} t_i = 1 \tag{4.17}$$

则产业链成员 i 由技术创新所获得的收益分配增量为

$$\left(t_i - \frac{1}{n}\right) \times V(n) \tag{4.18}$$

（四）企业投入

各节点企业为形成装配式建筑产业链，所投入的人、财、物以利益回报的形式收回。故在利益分配上要考虑企业的投入比例。

企业投入因子的计算。假设每个产业链节点企业的投入比重为

$$C(c_1, c_2, \cdots, c_n), \sum_{i=1}^{n} c_i = 1 \tag{4.19}$$

则产业链成员 i 由企业投入所获得的收益分配增量为

$$\left(c_i - \frac{1}{n}\right) \times V(n) \tag{4.20}$$

（五）修正 Shapley 值模型

考虑以上四个因素对基本 Shapley 值法进行修正，按照重要程度赋予四个因素不同的权重，分别以 ω_x，ω_r，ω_t，ω_c 表示，且 $\omega_x + \omega_r + \omega_t + \omega_c = 1$，具体数值可用层次分析法计算获得。则修正 Shapley 值模型为

$$Y_i(V)' = Y_i(V) + \left[\omega_x\left(x_i - \frac{1}{n}\right) + \omega_r\left(r_i - \frac{1}{n}\right) + \omega_t\left(t_i - \frac{1}{n}\right) + \omega_c\left(c_i - \frac{1}{n}\right)\right] V(n)$$

$$\tag{4.21}$$

式中，$Y_i(V)'$ 为企业 i 修正后利益分配值；$Y_i(V)$ 为企业 i 无修正的利益分配值。

四、基于修正 Shapley 值模型的应用举例

考虑有四家企业构成的装配式建筑产业链，企业 A 代表设计单位，企业 B 代表部品部件生产企业，企业 C 代表物流运输企业，企业 D 代表装配施工企业。在形成产业链前，各企业独立运营，获利分别为 $V(A) = 10$ 万元，$V(B) = 50$ 万元，$V(C) = 10$ 万元，$V(D) = 100$ 万元。加入产业链后，企业 A 和 B 合作获利 80 万元；企业 A 和 C 合作获利 30 万元；企业 A 和 D 合作获利 150 万元；企业 B 和 C 合作获利 90 万元；企业 B 和 D 合作获利 200 万元；企业 C 和 D 合作获利 130 万元；企业 A、B、C 三家合作获利 120 万元；企业 A、B、D 三家合作获利 230 万元；企业 A、C、D 三家合作获利 180 万元；企业 B、C、D 三家合作获利 240 万元；企业 A、B、C、D 共同合作获利 300 万元。

（一）传统 Shapley 值计算

企业 A 的收益分配计算过程见表 4.10。

表 4.10　企业 A 的收益分配计算过程　　　　（单位：万元）

Shapley 值计算	企业合作形式							
	A	A∪B	A∪C	A∪D	A∪B∪C	A∪B∪D	A∪C∪D	A∪B∪C∪D
$V(S)$	10	80	30	150	120	230	180	300
$V(S/i)$	0	50	10	100	90	200	130	240
$V(S) - V(S/i)$	10	30	20	50	30	30	50	60
$\mid S \mid$	1	2	2	2	3	3	3	4
$W(\mid S \mid)$	$\frac{1}{4}$	$\frac{1}{12}$	$\frac{1}{12}$	$\frac{1}{12}$	$\frac{1}{12}$	$\frac{1}{12}$	$\frac{1}{12}$	$\frac{1}{4}$
$W(\mid S \mid) [V(S) - V(S/i)]$	2.5	2.5	1.67	4.17	2.5	2.5	4.17	15

将表中末行数据相加，得到企业 A 的收益分配额为 $Y_A(V) = 35.01$ 万元，同理可得企业 B、C、D 的收益分配额分别为 $Y_B(V) = 86.67$ 万元，$Y_C(V) = 36.66$ 万元，$Y_D(V) = 141.67$ 万元。

在实际应用中，$V(S_1 \cup S_2)$ 的具体数据，可通过模糊数学、神经网络等综合评价方法进行估算[160]。

（二）修正 Shapley 值计算

1. 风险因子计算

装配式建筑产业链成员企业 i 的总风险系数 r_i 按式（4.12）计算，式中 R_{1i}，R_{2i}，R_{3i}，R_{4i} 分别表示产业链成员企业 i 所承担的市场风险，经济风险，环境风险和建设风险。

假设风险 $R = \int(P, C)$，其中 P 表示风险发生的概率，C 表示风险发生所产生后果的效用值。假定项目失败的概率为 P_f，成功概率 P_s；项目失败后的影响程度效用值为 C_f，项目成功的影响程度效用值为 C_s。显然有 $P_s = 1 - P_f$ 和 $C_f = 1 - C_s$，则可得风险因子系数为

$$
\begin{aligned}
R &= \int(\text{风险事件发生的概率，事件发生所产生后果的效用值}) \\
&= 1 - \text{项目成功的概率} \times \text{项目成功后的影响程度效用值} \\
&= 1 - P_s C_s \\
&= 1 - (1 - P_f)(1 - C_f) \\
&= P_f + C_f - P_f C_f
\end{aligned}
\tag{4.22}
$$

$$
0 < R < 1
$$

（1）P_f 的似然估计。利用似然综合判断法找出项目的风险因子，以建设风险因子计算为例[4]。在装配式建筑建设过程中建设风险的主要影响因素有建设资金的筹集、技术成熟性、装配施工等，假设这三个因素对建设风险因子的影响权重为 $a_i = (a_1, a_2, a_3) = (0.4, 0.4, 0.2)$，为了评价这 3 个因素，根据重要程度将其分为五个量级 b_j，如 $B = (b_1, b_2, b_3, b_4, b_5) = (0.1, 0.3, 0.5, 0.7, 0.9)$，专家可根据表 4.11 的描述对各因素的量级进行选择。

表 4.11 各因素处于不同量级时的描述

因素	权重	0.1	0.3	0.5	0.7	0.9
资金筹集	0.4	汇率发生不利变动 e_{11}	建设债券发行不顺 e_{12}	同银行谈判不顺 e_{13}	投资方资金不足 e_{14}	投资方撤资 e_{15}
技术成熟性	0.4	技术非常成熟 e_{21}	技术成熟 e_{22}	技术可行 e_{23}	技术可行但需要开发 e_{24}	复杂的新技术 e_{25}
装配施工	0.2	施工轻微拖延 e_{31}	施工一般拖延 e_{32}	施工严重拖延 e_{33}	局部需重新设计 e_{34}	需重新设计 e_{35}

则 P_f 的似然估计值为 $P_f = \sum_{i=1}^{3} \sum_{j=1}^{5} (a_i e_{ij} b_j) = AEB$，其中

$$
e_{ij} = \frac{\text{选择 } i \text{ 因素 } j \text{ 量级的专家数}}{\text{参加评判的专家总数}}
$$

在装配式建筑产业链中企业 A 在建设风险因子下项目失败的概率为 P_{fA}，

若

$$e_A = \begin{bmatrix} 0.3 & 0.5 & 0.2 & 0 & 0 \\ 0.2 & 0.5 & 0.3 & 0 & 0 \\ 0.3 & 0.4 & 0.3 & 0 & 0 \end{bmatrix}$$

则

$$P_{fA} = AEB\begin{bmatrix} 0.4 & 0.4 & 0.2 \end{bmatrix}\begin{bmatrix} 0.3 & 0.5 & 0.2 & 0 & 0 \\ 0.2 & 0.5 & 0.3 & 0 & 0 \\ 0.3 & 0.4 & 0.3 & 0 & 0 \end{bmatrix}\begin{bmatrix} 0.1 \\ 0.3 \\ 0.5 \\ 0.7 \\ 0.9 \end{bmatrix} = 0.3$$

同理可求得企业 B、C、D 在建设风险因子下项目失败的概率 P_{fB}，P_{fC}，P_{fD}。

假设 $P_{fB} = 0.336$，$P_{fC} = 0.324$，$P_{fD} = 0.292$

（2）C_f 的模糊综合评判。建设风险导致项目失败的影响程度受技术水平、费用超支和工期拖延三个因素的影响。设 $U = \{$技术水平，费用超支，工期拖延$\} = \{u_1, u_2, u_3\}$，假如三因素的权重为 $A = \left\{\dfrac{1}{3}, \dfrac{1}{3}, \dfrac{1}{3}\right\}$，评价为

$$V = \{低，较次要，中等，显著，高\}$$
$$= \{v_1, v_2, v_3, v_4, v_5\}$$
$$= \{0.1, 0.3, 0.5, 0.7, 0.9\}$$

专家可根据表 4.12 的描述确定评价等级。

表 4.12　风险后果严重程度的评价

因素	权重	0.1	0.3	0.5	0.7	0.9
技术水平	$\dfrac{1}{3}$	技术水平高 r_{11}	技术水平较高 r_{12}	技术水平中等 r_{13}	技术水平较低 r_{14}	技术水平低 r_{15}
费用超支	$\dfrac{1}{3}$	超预算不多 r_{21}	超 1%~5% r_{22}	超 5%~20% r_{23}	超 20%~50% r_{24}	超 50%以上 r_{25}
工期拖延	$\dfrac{1}{3}$	拖延不到一月 r_{31}	拖延不到半年 r_{32}	拖延不到一年 r_{33}	拖延不到两年 r_{34}	拖延两年以上 r_{35}

则由专家评价法可得模糊评判矩阵为

$$R = \begin{bmatrix} r_{11} & r_{12} & r_{13} & r_{14} & r_{15} \\ r_{21} & r_{22} & r_{23} & r_{24} & r_{25} \\ r_{31} & r_{32} & r_{33} & r_{34} & r_{35} \end{bmatrix}$$

则评定向量 $B = A \cdot R$。

对 B 进行归一化处理，得 $B' = (b_1, b_2, b_3, b_4, b_5)$。

则　　$C_f = BV^T = 0.1b_1 + 0.3b_2 + 0.5b_3 + 0.7b_4 + 0.9b_5$

在建设风险因子下，企业 A 的 C_f（项目失败的影响程度）的求解过程如下：

$$R_A = \begin{bmatrix} 0.4 & 0.4 & 0.2 & 0 & 0 \\ 0.5 & 0.3 & 0.2 & 0 & 0 \\ 0.3 & 0.5 & 0.2 & 0 & 0 \end{bmatrix}$$

$$B = AR_A = \begin{bmatrix} \dfrac{1}{3} & \dfrac{1}{3} & \dfrac{1}{3} \end{bmatrix} \begin{bmatrix} 0.4 & 0.4 & 0.2 & 0 & 0 \\ 0.5 & 0.3 & 0.2 & 0 & 0 \\ 0.3 & 0.5 & 0.2 & 0 & 0 \end{bmatrix} = \dfrac{1}{3} \begin{bmatrix} 1.2 & 1.2 & 0.6 & 0 & 0 \end{bmatrix}$$

对 B 进行归一化处理后得 $B' = \begin{bmatrix} \dfrac{2}{5} & \dfrac{2}{5} & \dfrac{1}{5} & 0 & 0 \end{bmatrix}$

故项目失败的影响程度大小为 $C_{fA} = B'V^T =$

$$\begin{bmatrix} \dfrac{2}{5} & \dfrac{2}{5} & \dfrac{1}{5} & 0 & 0 \end{bmatrix} \begin{bmatrix} 0.1 \\ 0.3 \\ 0.5 \\ 0.7 \\ 0.9 \end{bmatrix} = 0.26$$

则企业 A 的建设风险因子为

$R_{1A} = P_{fA} + C_{fA} - P_{fA}C_{fA} = 0.3 + 0.26 - 0.3 \times 0.26 = 0.482$

同理可得，企业 A 的市场风险因子 $R_{2A} = 0.218$，经济风险因子 $R_{3A} = 0.314$、环境风险因子 $R_{4A} = 0.298$。

按公式（4.12）计算企业 A 总的风险因子：

$r_A = 1 - (1 - R_{1A})(1 - R_{2A})(1 - R_{3A})(1 - R_{4A}) = 0.805$

同理可得 $r_B = 0.920$；$r_C = 0.714$；$r_D = 0.935$

对 A、B、C、D 四个企业总的风险因子进行归一化处理，得到风险因子向量 $r = (0.24, 0.27, 0.21, 0.28)$。

2. 其他因子计算

信息因子：为了在市场竞争中抢得先机，装配式建筑产业链成员企业要及时共享所知信息，使各企业能对外部环境的变化做出积极响应。对于信息因子的计算，以节约工期的长短和所获得利润的大小综合来衡量。通过计算并进行归一化处理，确定 A、B、C、D 四个企业的信息价值向量为 $X = (0.30, 0.28, 0.15, 0.27)$。

技术创新因子：为了满足客户的需求，增加企业的生存能力并获得较高利润，产业链成员企业要不断地进行技术创新。对于技术创新因子的计算，以技术创新利润来衡量。通过计算并进行归一化处理，确定 A、B、C、D 四个企业的技术创新向量为 $T = (0.23, 0.26, 0.2, 0.31)$。

企业投入：设产业链成员企业 i 的投入为 C_i，则产业链企业的总投入为 $\sum C_i (i = A, B, C, D)$，可得企业投入向量为

$$C = \left(\frac{C_A}{\sum C_i}, \frac{C_B}{\sum C_i}, \frac{C_C}{\sum C_i}, \frac{C_D}{\sum C_i} \right) = (0.18, 0.32, 0.14, 0.36)$$

3. 基于修正 Shapley 值的各企业利益分配额

利用层次分析法确定风险分担、信息共享、技术创新和企业投入四个因素的权重为 $\omega_x, \omega_r, \omega_t, \omega_c = \left(\frac{1}{4}, \frac{1}{4}, \frac{1}{4}, \frac{1}{4} \right)$，则

$$Y_A(V)' = Y_A(V) + \left[\omega_x \left(r_A - \frac{1}{n} \right) + \omega_r \left(x_A - \frac{1}{n} \right) + \omega_t \left(t_A - \frac{1}{n} \right) + \omega_c \left(c_A - \frac{1}{n} \right) \right] V(n)$$

$$= 35.01 + \left[\frac{1}{4} \left(0.24 - \frac{1}{4} \right) + \frac{1}{4} \left(0.30 - \frac{1}{4} \right) + \frac{1}{4} \left(0.23 - \frac{1}{4} \right) + \frac{1}{4} \left(0.18 - \frac{1}{4} \right) \right] \times 300$$

$$= 31.26 \text{ 万元}$$

同理可得：

$$Y_B(V)' = 96.42 \text{ 万元} \qquad Y_C(V)' = 14.16 \text{ 万元} \qquad Y_D(V)' = 158.17 \text{ 万元}$$

（三）结果分析

将两种收益分配方案进行比较，见表 4.13。

表 4.13 产业链利益分配方案比较 （单位：万元）

方案	企业			
	A	B	C	D
传统 Shapley 值法	35.01	86.67	36.66	141.67
修正 Shapley 值法	31.26	96.42	14.16	158.17

可以看出，与传统相比，在修正 Shapley 值后的企业收益分配方案中，企业 A、C 的收益减少了，而企业 B、D 的收益增加了。

（1）相对而言，企业 B、D 承担的风险更多、提供的信息价值更大，具有更强的技术创新能力、企业投入更多。

（2）企业所得收益与其提供的价值是成正比的。当企业衡量自己的付出与回报是比较公平的时候，他会投入更多的精力和热情去工作，这与实际是相符的。

（3）科学、合理的利益分配方案能够激发企业参与产业链合作的积极性，使各企业保持紧密的合作关系，促进装配式建筑的发展。

第三节 本章小结

（1）根据装配式建筑的特点，建立了装配式建筑产业链合作伙伴选择的评价指标体系，并提出合作伙伴选择的三阶段模型，即初选-精选-优化组合三阶段模型；首先根据企业共性的评价指标进行初选，筛选掉不合格的企业；再根据装配式建筑产业链各链节特有的评价指标进行精选，使候选企业的数量大幅度减少；最后基于蚁群算法优选出工期最短、成本最低，质量优良和文化交融性最强的产业链合作企业组合。

（2）装配式建筑的建造过程与传统建筑的建造过程有着本质的区别，所涉及的利益相关者也发生了变化，对于产业链中新出现的利益相关企业及其相互之间的关系，若没有合理的利益分配方案则不会形成相契合的产业链。

1）基于博弈理论，在 Shapley 值法、Nash 谈判模型和群体重心模型中选择了 Shapley 值法进行产业链利益分配的研究，该方法依据各成员企业的贡献来分配利益，体现了公平、公正。

2）根据装配式建筑产业链的特点，在传统 Shapley 值法的基础上，引入风险分担、信息共享、技术创新、企业投入四个因子对利益分配方案进行修正，建立了修正 Shapley 值利益分配模型。

3）将修正 Shapley 值模型应用于由四家企业所构成的装配式建筑产业链中，结果显示，利用该模型所得利益分配方案更符合实际情况，更能激发合作企业的积极性，证明了该模型的科学性和合理性。

第五章 装配式建筑产业链事中可靠性评估

基于第三章构建的贯穿装配式建筑全生命周期的产业链，本章进一步针对该产业链运作过程中的可靠度进行评估。主要内容具体包括可靠性评估体系构建目标与原则、可靠性评估体系构建、具体指标权重确定、具体评估结果分析。

第一节 可靠性评估体系构建目标与原则

一、可靠性评估体系构建的目标

本书第一章和第二章为装配式建筑产业链可靠性评估体系构建奠定基础，第四章可靠性设计是本章节研究的重要保障，是装配式建筑产业链可靠性评估不可缺少的一部分。一套完整、成熟且针对性较强的装配式建筑产业链可靠性评估指标体系能够在实际运用过程中，起到关键监督与效果反馈作用。具体来看，装配式建筑产业链可靠性评估体系建立需要实现以下几方面目标。

（一）提供基础数据，规范装配式建筑产业链运作

尽管近几年各区域政府均积极响应国家号召，鼓励装配式建筑产业发展。但是各地区并没有对装配式建筑产业链运作评价标准进行准确界定，导致区域装配式建筑产业链因产业基础不同、经济环境差异与科技应用差别等因素，出现层出不穷发展现状，不利于装配式建筑产业链有序、健康发展。而完善的可靠性评估体系不仅能够帮助相关部门合理评估装配式建筑产业链运作情况与成效，更有利于明确整体产业链运作存在的问题，便于后期采取不同监督方式与改善方法，保证装配式建筑产业链健康高效发展。

（二）切实保障装配式建筑产业链运作水平，提升建筑品质

当前我国装配式建筑产业尚处于初级发展阶段，在管理、技术应用与服务方面仍存在一定提升空间。而装配式建筑产业链可靠性评估体系的建立可促进整个产业链规范化建设，促使新材料、新技术与新工艺合理运用，强化产业链发展成效。与此同时，建立可靠性评估体系能够明晰现阶段装配式建筑产业链运作实情，规范建筑生产与建设过程，促进各主体积极参与各环节，不断提升产业链运作水平，以及相关部门的管理能力与服务质量。此外，清晰化的可靠性评估体系能够加强各层级工人培养，提高装配式建筑产品市场占有率与影响力，进而提升整体建筑品质。

二、可靠性评估体系构建的原则

本章节构建的装配式建筑产业链可靠性评估体系主要依据我国建筑施工安全规范标准、装配式建筑施工要点，以及现阶段有关于装配式建筑产业链研究文献三方面建立。各项指标建立均立足于前文所构贯穿装配式建筑全生命周期的产业链，均遵循如下原则。

（一）可操作原则

装配式建筑产业链可靠性评估离不开一些定性指标。这就要求建立可靠性评估体系过程中，需要充分考虑主客观因素，对相关指标进行量化处理，并充分考量各级指标的评价功能。在指标建立时需最大限度使用统计学原则，减少主客观不利因素带来的负向影响，提升指标应用灵活性，并能够随着外界环境变化进行动态调整。

（二）科学性原则

在选取装配式建筑产业链可靠性评估指标时，需借助科学有效方法对相关指标进行遴选，确保各类指标数据具备较高准确性。另外，在对指标进行赋权时，可以借助多种赋权方法，避免主观赋权以及单一方法赋权影响评价正确性。在建立装配式建筑产业链可靠性评估指标体系时，为避免内外因素影响，需要结合科学化原则紧密结合实情进行动态调整，将所有涉及的指标数据进行明确化，避免数据模糊化处理。若涉及对定性指标进行量化处理

时，还需要结合科学化方法，不能进行主观臆断。

（三）系统性原则

要将装配式建筑产业链看作一个完整的整体进行可靠性评估与分析，从整体角度出发对整个产业链展开科学评价。并且，还需针对影响装配式建筑产业链可靠性诸多主客观因素进行全面分析，确保评估指标体系完整性与系统性，不能将该产业链项目与其他领域割裂开来。

（四）静动态评估相结合的原则

静态与动态评估方法相结合就是要求在评估体系构建过程中，需要综合考虑分散在不同时间与空间维度的指标。针对静态评估而言，主要是对当前装配式建筑产业链状态进行综合评价，能够反映整体产业链运行状态。对于动态评估而言，主要分析各指标在产业链运行过程中由于时间与空间变化带来的改变。由此可见，静态指标是基于某一特定时间展开研究；动态指标则是基于不同时间与时间维度带来的改变。将这两种方法融合，能够对于装配式建筑产业链运作进行横纵向对比，进而更加科学完成可靠性评价，在促进装配式建筑产业发展过程中起到积极作用。且将静态与动态评价指标相结合，不仅能够对装配式建筑生产制造阶段与施工阶段进行综合对比，还能辅助相关人员将其与其他工程相对比。这利于相关部门对装配式建筑产业生产制造、施工阶段进行深入了解，还有利于提升整体产业链管理能效。

（五）可比性原则

创建可靠性评价指标体系关键目的是为支持相互比较，这就意味着在指标选取过程中需要遵循可比性原则，这样才能够发挥各类指标的重要功能。针对可比性而言，不仅需要在时间上具有可比性，还要求在不同区域内具有可比性。若是在很长时间内指标没有发生变化，则不需要将其纳入可靠性评价体系之中。若是这种指标极其重要，则需要在指标体系中列出，只是赋权不宜过大，预防评价结果不能做到与时俱进。故此，通常在指标赋权过程中，选择使用比例倒数、平均数与相对数等数据，确保前后评价口径具有一致性，这也能够凸显相关数据可比性。

第二节　装配式建筑产业链可靠性评估体系构建

一、装配式建筑产业链可靠性评估指标选取

基于上述描述，参照韩同银等[163]（2020）、刘伟和江振松[164]（2021）、赵月溪[165]（2020）等学者研究，综合考量到装配式建筑产业链生产制造与施工阶段可能涉及的因素，初步构建涵盖三个一级指标、八个二级指标与24个三级指标的装配式建筑产业链可靠性评估体系，具体见表5.1。

表 5.1　装配式建筑产业链可靠性评估初级指标体系

目标层（一级指标）	准则层（二级指标）	方案层（三级指标）	关联因素
组织运作状况 A	装配式建筑产业链组织结构 A1	产业链内部重点实力型企业数量 A11	关键评价重点实力企业能否带动产业链运作，主要为产业链内部盈利水平超过平均线的企业数量
		产业链内部企业种类 A12	考察各类型企业能否满足不同产业链节点要求，为产业链内部企业种类数量
		产业链整体组织完整程度 A13	一方面评价产业链是否具备装配式建筑各环节应用功能；另一方面考察内部企业数量规模能否满足装配式建筑产业发展需求。该指标为虚拟指标，若产业链内部具备完整的组织结构，则取值为1，反之则为0
	装配式建筑产业链组织技术水平 A2	装配式建筑设计与施工应用技术 A21	评价不同装配式建筑结构的技术水平，以及现场施工应用技术水平；该指标采用产业链内部技术应用成本测算
		装配式建筑研发创新能力 A22	装配式建筑应用新材料的研发能力，以及创新能力；该指标采用产业链研发成本表征
		装配式建筑以 BIM 为代表的信息化水平 A23	在装配式建筑中应用以 BIM 为代表的信息化技术程度，采用产业链专有技术使用费计算
		内部工人技术操作水平 A24	内部技术人才占比

目标层（一级指标）	准则层（二级指标）	方案层（三级指标）	关联因素
组织运作状况 A	装配式建筑产业链组织协调能力 A3	各参与主体利益分配合理性 A31	装配式建筑中间产品定价以及各参与主体盈利情况
		各参与主体风险分摊能力 A32	各主体在遇到内外部风险时的处理能力，采用 Roa 波动程度来度量
		各参与主体工作衔接水平 A33	各主体在业务处理过程中沟通的高效性，即链条内部各企业组织化程度，关键判别链条分权结构，若结构完成即为 1，反之为 0
产业链规范化运作能力 B	经济效益 B1	盈利状况 B11	评价装配式建筑产业链运作所带来的盈利水平
		成本控制水平 B12	评价装配式建筑产业链成本控制水平
		产值增长率 B13	评价装配式建筑产业链未来发展潜力，具体用产值增长率测算
	环境效益 B2	建筑物循环利用情况 B21	评估装配式建筑产业链利用循环性材料水平，采用企业在相关方面的投入成本衡量
		节能环保情况 B22	装配式建筑产业链运作过程中能源节省水平
	产业带动效益 B3	匹配当地市场情况 B31	计算装配式建筑产业链在本地市场平均装配率
		市场占有率 B32	计算装配式建筑产业链在当地市场占有率水平
		固定资产投资增长率 B33	计算装配式建筑在当地固定资产投资的增长率
其他客观因素 C	区域资源 C1	区域物流服务与基础设施建设 C11	评价地区用于装配式建筑的物流仓储水平
		区域原材料供应情况 C12	评价地区用于装配式建筑的原材料供应水平
		区域交通设施布局情况 C13	评价地区用于装配式建筑的公路、水路与铁路水平

续表 5.1

目标层 （一级指标）	准则层 （二级指标）	方案层（三级指标）	关联因素
其他客观 因素 C	产业发展环境 C2	地区产业监管实情 C21	评估当地装配式建筑监管水平
		区域可使用的商务与金融平台 C22	评估当地装配式建筑可应用的商务平台与金融服务水平
		政府财政支持力度 C23	评估当地政府对于装配式建筑产业的支持力度

根据表 5.1 可知，在装配式建筑产业链整体运作过程中，主要需要考量各参与主体的组织情况、产业链运行效能与其他客观因素三大环境。其中，装配式建筑产业链组织运行情况中，其主要考察整个产业链运作过程中各参与主体之间的组成结构、技术应用水平与协调能力，包含构成要素基本组成、科技服务与协调结构。针对组成结构来说，主要是为了反映装配式建筑产业链各参与主体之间的工作职能，以及所分布的节点功能；针对技术应用水平来说，主要为考量各参与主体对于新兴技术应用能力与水平，体现整体产业链运作的信息技术能力；针对协调能力来说，主要为评估整个产业链参与主体对于工作执行与利益分配的协调能力，是考量主体分工的关键要素。装配式建筑产业链运作效能之中，其关键考察装配式建筑产业链制造与施工阶段的经济效益、环境效益与产业带动效益。这之中，经济效益主要选择的是相对独立的盈利、成本与营业增长情况；环境效益主要是通过衡量装配式建筑产业链运作过程中节能、环保效应，反映其对于新能源材料的应用情况；产业带动效应则主要回应装配式建筑产业链运作对于区域相关产业的带动情况，最直观反应与其贡献于相关产业的产值与贡献率。装配式建筑产业链其他客观因素之中，主要为了考察地区内各类型资源对于装配式建筑产业链运行的支持效应，涵盖区域资源与发展环境两个维度。区域资源主要包括物流基础、原材料供应与交通设施；产业发展环境则囊括产业监管、商务与金融平台、财政支持力度三方面。

二、装配式建筑产业链可靠性评估指标筛选分析

为了确定上述构建的装配式建筑产业链可靠性评估初级指标的有效性，

需要对指标进行初级筛选，通过评估指标优劣顺序，最后保留有效指标，确定最终装配式建筑产业链可靠性评估指标体系。而 DEMATEL 以图论或矩阵为基础，对各类评价体系重要性进行分析，可准确计算得出各指标的影响程度、原因度与中心度，进而实现整个指标筛选过程。故此，参照杨俊[166]（2020）和楼姣[167]（2020）学者研究，对上述指标进行筛选，具体步骤如下。

第一步，建立影响矩阵 M。主要采用李克特五点打分方式，借助专家访谈打分方法，区别各个指标的影响程度，进而形成指标影响程度矩阵 $M = (a_{ij})$。

第二步，建立规范化矩阵 N。对上述影响程度矩阵的每一行进行求和处理，得到最大值，设为 Maxvar，则可得到规范化矩阵 N 如下：

$$N = \left(\frac{a_{ij}}{\text{Maxvar}} \right)_{n \times n} \tag{5.1}$$

第三步，建立综合影响矩阵 T：

$$T = N (I - N)^{-1}，其中 I 为单位矩阵 \tag{5.2}$$

第四步，计算影响度 D：

$$D_i = \sum_{j=1}^{n} t_{ij} (i = 1, 2, 3, \cdots, n) \tag{5.3}$$

第五步，计算被影响度 C：

$$C_i = \sum_{j=1}^{n} t_{ij} (i = 1, 2, 3, \cdots, n) \tag{5.4}$$

第六步，确定中心度 M：

$$M_i = D_i + C_i \tag{5.5}$$

第七步，确定原因度 R：

$$R_i = D_i - C_i \tag{5.6}$$

其中，若 $R_i > 0$ 表示该指标为主要原因因素，对装配式建筑产业链运作影响较大。反之，为结果因素，对于装配式建筑产业链影响较小。

第八步，计算 KPI：

$$KPI_i = \frac{M_i (1 - Q_i)}{\sum_{i=1}^{n} [M_i (1 - Q_i)]}，其中 Q_i = \frac{R_i}{\sum_{i=1}^{n} |R_i|} \tag{5.7}$$

基于上述方法与计算步骤，通过式（5.1）~式（5.7），分别评价上述一

级指标、二级指标、三级指标的影响度、被影响度、中心度与原因度，具体
见表 5.2~表 5.4。

表 5.2　一级指标 DEMATEL 计算结果

一级指标	影响度 D	被影响度 C	中心度 M	原因度 R
组织运作状况	4.3610	3.9332	8.2601	0.4602
产业链规范化运作能力	4.2081	4.0318	8.3350	−0.4391
其他客观因素	3.0610	4.3850	8.6310	−1.0360

表 5.3　二级指标 DEMATEL 计算结果

二级指标	影响度 D	被影响度 C	中心度 M	原因度 R
装配式建筑产业链组织结构	2.6305	1.3025	3.2051	1.3052
装配式建筑产业链组织技术水平	2.0351	1.0553	3.6310	1.2014
装配式建筑产业链组织协调能力	2.6040	2.0351	4.6310	−1.2305
经济效益	1.0235	1.0034	3.6201	−0.2350
环境效益	1.6301	1.3617	3.6022	−1.0522
产业带动效益	2.0664	2.0341	4.2015	−1.2051
区域资源	2.1384	1.6340	3.0614	0.3051
产业发展环境	2.3051	1.2391	3.0361	−1.0352

表 5.4　三级指标 DEMATEL 计算结果

三级指标	影响度 D	被影响度 C	中心度 M	原因度 R
产业链内部重点实力型企业数量	2.0314	2.0396	4.3061	−0.0315
产业链内部企业种类	1.9250	1.9341	4.2091	−0.0311
产业链整体组织完整程度	1.7628	1.8724	4.3061	−0.0031
装配式建筑设计与施工应用技术	1.6391	1.7604	3.9340	−0.0038
装配式建筑研发创新能力	1.6474	1.7058	4.0351	−0.0151
装配式建筑以 BIM 为代表的信息化水平	1.7624	2.0341	3.6184	−0.0314
内部工人技术操作水平	2.0351	2.6340	4.3625	−0.0317
各参与主体利益分配合理性	2.0641	1.6034	4.2018	−0.0305
各参与主体风险分摊能力	2.3046	2.0641	3.6351	−0.0031

续表 5.4

三级指标	影响度 D	被影响度 C	中心度 M	原因度 R
各参与主体工作衔接水平	1.9341	1.9624	3.1842	−0.0016
盈利状况	1.6841	1.5241	3.6128	−0.0036
成本控制水平	2.0361	1.0674	4.3960	−0.0040
产值增长率	2.3051	2.0356	4.1665	−0.0064
建筑物循环利用情况	1.9341	2.6341	4.3065	−0.0031
节能环保情况	1.8341	1.0991	3.2067	−0.0047
匹配当地就业情况	1.2060	2.0641	3.2067	−0.0036
市场占有率	2.0314	2.3085	4.0617	−0.0305
固定资产投资增长率	1.0354	1.9671	3.2081	−0.0330
区域物流服务与基础设施建设	2.3041	1.0348	4.1056	−0.0361
区域原材料供应情况	1.6304	2.0364	3.3051	−0.0024
区域交通设施布局情况	1.3051	1.6348	4.0318	−0.0037
地区产业监管实情	1.0350	1.6320	3.3051	−0.0021
区域可使用的商务与金融平台	1.3054	2.0305	3.2264	−0.0034
政府财政支持力度	1.3047	1.6300	4.0315	−0.0047

进一步通过式（5.7），分别计算各指标 KPI 值。设定 KPI 的阈值为 0.10，当指标高于该阈值时，则表明其为关键指标，应当予以保留；反之，则剔除该指标。具体检验结果见表 5.5~表 5.7。

表 5.5 一级指标 KPI 检验结果

一级指标	KPI 值	是否选用
组织运作状况	0.305	是
产业链规范化运作能力	0.361	是
其他客观因素	0.420	是

表 5.6 二级指标 *KPI* 检验结果

二级指标	KPI 值	是否选用
装配式建筑产业链组织结构	0.230	是
装配式建筑产业链组织技术水平	0.261	是
装配式建筑产业链组织协调能力	0.214	是
经济效益	0.228	是
环境效益	0.239	是
产业带动效益	0.261	是
区域资源	0.294	是
产业发展环境	0.305	是

表 5.7 三级指标 *KPI* 检验结果

三级指标	KPI 值	是否选用
产业链内部重点实力型企业数量	0.352	是
产业链内部企业种类	0.061	否
产业链整体组织完整程度	0.361	是
装配式建筑设计与施工应用技术	0.614	是
装配式建筑研发创新能力	0.532	是
装配式建筑以 BIM 为代表的信息化水平	0.361	是
内部工人技术操作水平	0.339	是
各参与主体利益分配合理性	0.361	是
各参与主体风险分摊能力	0.264	是
各参与主体工作衔接水平	0.291	是
盈利状况	0.364	是
成本控制水平	0.531	是
产值增长率	0.415	是
建筑物循环利用情况	0.036	否
节能环保情况	0.461	是

三级指标	KPI 值	是否选用
匹配当地就业情况	0.391	是
市场占有率	0.435	是
固定资产投资增长率	0.448	是
区域物流服务与基础设施建设	0.361	是
区域原材料供应情况	0.341	是
区域交通设施布局情况	0.315	是
地区产业监管实情	0.368	是
区域可使用的商务与金融平台	0.064	否
政府财政支持力度	0.461	是

通过上述各指标 KPI 检验发现，一级指标与二级指标均通过了检验，符合研究指标要求。在三级指标中，有三个指标未通过 KPI 检验，在后续应用中被排除。三类指标分别为产业链内部企业种类、建筑物循环利用情况、区域可使用的商务与金融平台。

第三节 装配式建筑产业链可靠性
评估模型构建与实证研究

一、研究方法

结合筛选后的装配式建筑产业链可靠性评估指标特征，研究决定采用层次分析法[168]与熵权法[169]对各指标进行赋权，进而综合评价装配式建筑产业链运作过程。

（一）层次分析法

层次分析法是 20 世纪 70 年代美国学者提出的一种评价方法，能够采取定性与定量分析方法，客观评价各类指标占比，保障评价过程简单化与数量化。具体来看，层次分析法应用步骤如下。

第一步，构建层次分析结构模型。将装配式建筑产业链可靠性评估指标分为三个层次，构建见表 5.1 的装配式建筑产业链可靠性评估指标体系。

第二步，构建判断矩阵。采用专家打分方法，对每一个指标层的重要性进行两两打分，确定各指标重要性排序。

第三步，指标权重计算。将判断矩阵 A 内部相关元素进行归一化处理，然后依据行进行叠加，得到向量 $\boldsymbol{a} = (b_1, b_2, \cdots, b_n)^T$。进而，对向量 $\boldsymbol{a}$ 进行归一化处理，得到权重向量 $\boldsymbol{W}^1 = (W_1^1, W_2^1, \cdots, W_n^1)^T$，其中

$$W_i^1 = \frac{a_i}{\sum_{k=1}^{n} a_k} \tag{5.8}$$

最大特征值计算公式为

$$\lambda_{\max} = \frac{1}{n} \sum_{i=1}^{n} \frac{(Aw^1)_i}{w_i^1} \tag{5.9}$$

第四步，一致性检验。为了保证专家得分得到的判断矩阵与实际情况相符，需要对各指标进行一致性检验，具体计算公式如下：

$$CR = \frac{CI}{RI} \tag{5.10}$$

其中，CI 代表一致性检验指标，具体计算公式如下：

$$CI = \frac{\lambda_{\max} - n}{n - 1} \tag{5.11}$$

一般情况下，当 CR 大于 0.1 时，则认为判断矩阵不符合一致性检验，需要重新对该矩阵进行修正。而当 CR 小于 0.1 时，则判定该矩阵符合一致性检验结果。

（二）熵权法

熵权法自 1984 年引入，是一种客观的赋权方法，能够比较确定各指标大小影响程度，避免人为因素带来的干扰，可有效保障赋权过程的可信度。熵权评价方法具体模型如下：

$$w_i^2 = \frac{g_i}{\sum\limits_{i=1}^{n} g_i}$$

式中，g_i 代表差异化程度，$g_i = 1 - e_i$；$e_i = \dfrac{H(y_i)}{Lnn}$。

（三）综合权重确定

在上述评价指标层次分析与熵权计算基础上，需要进一步进行指标综合权重计算。综合权重计算主要是为保障在多指标评价过程中，促使各指标差异性更加明显，将层次分析法与熵权法分别得到的权重进行相乘，再进行归一化处理，得到最终综合权重确定模型：

$$W_i = \frac{w_i^1 w_i^2}{\sum\limits_{i=1}^{n} w_i^1 w_i^2}$$

二、信度检验

信度检验是为了保障评价体系稳定性与一致性，主要包括分半信度（折半法）和递增信度（克隆巴赫 α 系数）等方法。其中，一致性检验方法常用的为克隆巴赫 α 系数，能够判断指标之间的信度层级，符合本研究指标需求。故在上述装配式建筑产业链可靠性评估指标基础上，借助 SPSS 软件，基于指标原始数据测算各指标 cronbach's α 值，对各指标信度进行一致性检验，具体结果见表5.8。根据表5.8检验结果可知，一级指标、二级指标与三级指标的 cronbach's α 检验结果均处于 0.7~0.9 之间，说明各指标符合研究要求，可进行后续检验。

表 5.8　装配式建筑产业链可靠性评估指标内部一致性检验

目标层 （一级指标）	cronbach's α	准则层 （二级指标）	cronbach's α	方案层 （三级指标）	cronbach's α
组织运作 状况	0.825	装配式建筑 产业链组织 结构	0.769	产业链内部重点实力型企业数量	0.761
				产业链整体组织完整程度	0.790

续表5.8

目标层 （一级指标）	cronbach's α	准则层 （二级指标）	cronbach's α	方案层 （三级指标）	cronbach's α
组织运作 状况	0.825	装配式建筑 产业链组织 技术水平	0.764	装配式建筑设计与施工应用技术	0.715
				装配式建筑研发创新能力	0.726
				装配式建筑以 BIM 为 代表的信息化水平	0.734
				内部工人技术操作水平	0.760
		装配式建筑 产业链组织 协调能力	0.781	各参与主体利益分配合理性	0.746
				各参与主体风险分摊能力	0.722
				各参与主体工作衔接水平	0.760
产业链规范 化运作能力	0.822	经济效益	0.715	盈利状况	0.714
				成本控制水平	0.764
				产值增长率	0.748
		环境效益	0.790	节能环保情况	0.735
		产业带动 效益	0.725	匹配当地就业情况	0.715
				市场占有率	0.736
				固定资产投资增长率	0.748
其他客观 因素	0.861	区域资源	0.768	区域物流服务与基础设施建设	0.728
				区域原材料供应情况	0.718
				区域交通设施布局情况	0.762
		产业发展 环境	0.714	地区产业监管实情	0.748
				政府财政支持力度	0.744

三、效度检验

采用收敛效度检验方法，借助软件，准确评价装配式建筑产业链可靠度评价指标的效度。具体检验过程中，依据张婧等[170]（2020）学者关于阈值设置标准，将各指标因子负荷量阈值设置为0.5，即当因子负荷量大于或者等于0.5时，说明各指标因子于相应位置显示，否则可以忽略不计，具体收敛效度检验结果见表5.9。

表 5.9　装配式建筑产业链可靠性评估指标收敛效度检验结果

维度	指　　标	因子载荷	特征值	解释方差 /%
一级指标	组织运作状况	0.762	3.624	65.302
	产业链规范化运作能力	0.771	3.615	65.035
	其他客观因素	0.631	3.128	64.021
二级指标	装配式建筑产业链组织结构	0.694	3.602	64.921
	装配式建筑产业链组织技术水平	0.524	3.142	63.369
	装配式建筑产业链组织协调能力	0.562	3.460	64.521
	经济效益	0.569	3.361	68.035
	环境效益	0.602	3.108	68.902
	产业带动效益	0.661	4.025	68.366
	区域资源	0.648	4.028	65.318
	产业发展环境	0.634	3.614	65.178
三级指标	产业链内部重点实力型企业数量	0.587	3.075	65.901
	产业链整体组织完整程度	0.821	3.925	64.308
	装配式建筑设计与施工应用技术	0.847	3.760	64.308
	装配式建筑研发创新能力	0.820	4.061	65.012
	装配式建筑以 BIM 为代表的信息化水平	0.649	3.631	64.305
	内部工人技术操作水平	0.722	4.031	64.187
	各参与主体利益分配合理性	0.810	3.605	64.308
	各参与主体风险分摊能力	0.736	4.238	65.388
	各参与主体工作衔接水平	0.745	3.619	65.029
	盈利状况	0.705	4.396	65.391
	成本控制水平	0.791	3.648	65.305
	产值增长率	0.803	4.036	64.205
	节能环保情况	0.691	4.021	65.360
	匹配当地就业情况	0.534	3.067	64.804
	市场占有率	0.660	3.265	64.391
	固定资产投资增长率	0.648	3.617	64.308
	区域物流服务与基础设施建设	0.618	3.205	64.305

维度	指　　标	因子载荷	特征值	解释方差/%
三级指标	区域原材料供应情况	0.590	4.031	65.021
	区域交通设施布局情况	0.708	3.681	64.038
	地区产业监管实情	0.718	3.205	65.008
	政府财政支持力度	0.820	4.035	64.182

从表5.9可以看出，各指标因子载荷数值均大于0.5，表明各指标划分合理，收敛效度符合研究要求。进一步采用平均提取方差值的平方根，比较装配式建筑物产业链可靠性评价各维度皮尔森相关系数，所得到各指标区别效度。检验结果显示，各级指标平均提取方差值的平方根均大于相关维度的皮尔森系数，说明选取指标区别效度检验符合研究。

四、装配式建筑产业链可靠性评价

由上述层次分析法与熵权法分别确定各等级指标关联度，进而基于原始已获得数据，采用层次分析法与熵权法结合方法对装配式建筑产业链可靠性进行综合评价，得到表5.10的结果。

表5.10　装配式建筑产业链可靠性评价结果

维度	指标	权重	优秀 $K_1(x_1)$	良好 $K_2(x_1)$	合格 $K_3(x_1)$	差 $K_4(x_1)$
一级指标	组织运作状况	0.236	-0.224	0.224	-0.847	-1.874
	产业链规范化运作能力	0.125	-0.035	0.035	-0.691	-1.691
	其他客观因素	0.035	-0.182	0.182	-0.647	-1.647
二级指标	装配式建筑产业链组织结构	0.861	-0.120	0.120	-0.364	-1.364
	装配式建筑产业链组织技术水平	0.647	-0.630	0.630	-0.366	-1.366
	装配式建筑产业链组织协调能力	0.514	-0.564	0.564	-0.462	-1.462
	经济效益	0.302	-0.691	0.691	-0.428	-1.428
	环境效益	0.564	-0.267	0.267	-0.361	-1.361
	产业带动效益	0.458	-0.422	0.422	-0.360	-1.360
	区域资源	0.236	-0.524	0.524	-0.428	-1.428
	产业发展环境	0.205	-0.368	0.369	-0.347	-1.347

续表 5.10

维度	指标	权重	优秀 $K_1(x_1)$	良好 $K_2(x_1)$	合格 $K_3(x_1)$	差 $K_4(x_1)$
三级指标	产业链内部重点实力型企业数量	0.562	-0.264	0.264	-0.614	-1.641
	产业链整体组织完整程度	0.581	-0.364	0.364	-0.524	-1.524
	装配式建筑设计与施工应用技术	0.456	-0.420	0.420	-0.467	-1.467
	装配式建筑研发创新能力	0.481	-0.366	0.366	-0.528	-1.528
	装配式建筑以 BIM 为代表的信息化水平	0.425	-0.467	0.467	-0.437	-1.437
	内部工人技术操作水平	0.447	-0.366	0.366	-0.359	-1.359
	各参与主体利益分配合理性	0.401	-0.348	0.348	-0.364	-1.364
	各参与主体风险分摊能力	0.432	-0.428	0.428	-0.365	-1.365
	各参与主体工作衔接水平	0.414	-0.639	0.639	-0.523	-1.523
	盈利状况	0.404	-0.631	0.631	-0.561	-1.561
	成本控制水平	0.361	-0.594	0.594	-0.625	-1.625
	产值增长率	0.405	-0.768	0.768	-0.663	-1.663
	节能环保情况	0.416	-0.634	0.634	-0.539	-1.539
	匹配当地就业情况	0.364	-0.556	0.556	-0.602	-1.602
	市场占有率	0.351	-0.539	0.539	-0.524	-1.524
	固定资产投资增长率	0.308	-0.569	0.569	-0.466	-1.466
	区域物流服务与基础设施建设	0.305	-0.367	0.367	-0.362	-1.362
	区域原材料供应情况	0.315	-0.429	0.429	-0.531	-1.531
	区域交通设施布局情况	0.302	-0.361	0.361	-0.422	-1.422
	地区产业监管实情	0.291	-0.349	0.349	-0.630	-1.630
	政府财政支持力度	0.206	-0.436	0.436	-0.468	-1.468

根据表 5.10 可知，在一级指标中，组织运作状况、产业链规范化运作能力与其他客观因素的权重分别为 0.236、0.125、0.035。这表明在影响装配式建筑产业链可靠度因素中，组织运行状况占比最大。即对于装配式建筑产业链运作而言，各参与主体组织运行状况对产业链运作可靠性影响最大；产业链规范化运作的影响次之，其他客观因素影响较小。故此，针对这一结果，若想提升装配式建筑产业链运作效率，需加强各参与主体之间的协作能力，促使相关主体长期保持良好的合作关系，进而提升产业链运作的边际效益。与此同时，针对装配式建筑产业链运作方面，各研发单位、设计单位、

部品部件生产企业、物流运输企业、施工企业、装修企业与运营维护等部门需加强联动，适时进行各环节对接，综合提升产业链运作稳定性，进而提升整体可靠性水平。

在二级指标中，装配式建筑产业链组织结构、装配式建筑产业链组织技术水平、装配式建筑产业链组织协调能力、经济效益、环境效益、产业带动效益、区域资源与产业发展环境所占权重分别为 0.861、0.647、0.514、0.302、0.564、0.458、0.236、0.205。这表明对于装配式建筑产业链运作可靠性而言，装配式建筑产业链组织结构影响最大、装配式建筑产业链组织技术水平影响次之、环境效益影响最小。故此，可通过优化组织结构，并提升各参与主体技术水平，来提升装配式建筑产业链可靠性水平。一方面，可通过创建良好的企业文化，不断有力组织结构。在装配式建筑产业链运作过程中，工作团队需以"安全高效"为基本，增强项目管理理念，用铁人精神、红船精神等凝聚人心，充分发挥钉钉子精神，促使各组织树立良好的主人翁意识，进而大力优化团队组织结构。另一方面，在组织优化基础上，各参与人员应以提升装配式建筑产业链运作可靠性为原则，积极与国外先进技术企业对接，大力引进新兴应用技术。特别针对新能源技术应用，各参与主体应立足于自身技术应用实情，充分借助新能源技术，不断改进现有施工与运维技术，提升整体团队技术应用水平，进而提高装配式建筑产业链可靠性。此外，在优化组织结构与引入新兴技术过程中，各参与主体应不断加强学习与创新，定期组织培训会议，逐步进行技术攻关与科技创新，提升整体装配式建筑施工的科学化水平。且各主体可将一些新型的信息应用模型应用于施工与运维过程中，以项目管理为根本，满足各主体实时沟通需求，在增进团队协作能力的同时，大力增强装配式建筑产业链可靠性。

在三级指标中，对装配式建筑产业链可靠性影响最大的指标分别为产业链整体组织完整程度、产业链内部重点实力型企业数量、装配式建筑研发创新能力、装配式建筑设计与施工应用技术与内部工人技术操作水平。并且，从上述研究结果可以看出，产业链内部重点实力型企业数量与产业链整体组织完整程度的权重均较大，对于装配式建筑产业链可靠性影响占比较大。由此得出，装配式建筑产业链组织运作状况是影响可靠性的关键性因素。装配式建筑设计与施工应用技术、装配式建筑研发创新能力与装配式建筑以 BIM 为代表的信息化水平的权重分别为 0.456、0.481、0.425，占比相对较大。

说明装配式建筑产业链组织技术水平对于产业链可靠性的影响也较大，也是影响整体产业链有效运作的关键要素。各参与主体利益分配合理性、各参与主体风险分摊能力与各参与主体工作衔接水平的权重分别为 0.401、0.432、0.414，对于产业链可靠性的综合影响较大。

从上述分析结果来看，就装配式建筑产业链可靠性而言，三级指标中，产业链整体组织完整程度、产业链内部重点实力型企业数量、装配式建筑研发创新能力、装配式建筑设计与施工应用技术与内部工人技术操作水平影响较大。二级指标中，装配式建筑产业链组织结构、装配式建筑产业链组织技术水平、环境效益与装配式建筑产业链组织协调能力的影响均较大。一级指标中，组织运作状况的影响最大。

第四节　本　章　小　结

首先，依据我国建筑施工安全规范标准、装配式建筑施工特点、装配式建筑产业链研究文献及可操作、科学、系统、静动态评估相结合、具有可比性等构建原则，建立了涵盖三个一级指标、八个二级指标与 24 个三级指标的装配式建筑产业链可靠性评估初级指标体系。

其次，为了确定装配式建筑产业链可靠性评估初级指标的有效性，运用 DEMATEL 方法对指标进行筛选，通过检验发现，一级指标与二级指标均通过了检验，在三级指标中产业链内部企业种类、建筑物循环利用情况与区域可使用的商务与金融平台三个指标未通过检验，予以剔除，继续保留其他有效指标。

最后，通过实证，依据专家对各指标的打分，利用层次分析法和熵权法综合确定各指标权重，借助 SPSS 软件，通过信度和效度检验，确定各指标对装配式建筑产业链可靠性的影响程度。

第六章 装配式建筑产业链事后可靠性分析

在建立装配式建筑产业链后，要想评析运营阶段是否可靠稳定，就需要一定的指标和方法以作评价。是以本书上述理论为基础，通过选取装配式建筑产业链系统事后可靠性评价指标，利用 GO 法去验证系统的稳健性。

第一节 事后可靠性指标体系的建立

一、事后可靠性评价指标体系构建的原则

开展装配式建筑产业链系统可靠性评估，对运维中的再生项目可持续发展具有指导意义。具体而言，建立装配式建筑产业链系统事后可靠性评价指标体系，需要遵循如下原则。

（一）科学性原则

可靠性评价指标选取、指标数量和构成指标等方面的确定，需要充分体现装配式建筑产业链运营过程中各因素特点，以及能够反映装配式建筑产业链安全运行状态。评价方法及模型方面，需要选择与装配式建筑产业链事后安全影响因素评价目标相同，即充分体现方法的科学性。评价结果方面，需要科学合理反映装配式建筑产业链事后的安全现状，其结果要对各个因素具有改进推动作用。

（二）可操作性原则

在评价装配式建筑产业链系统事后可靠性时，内容要涵盖维护结构、设备维修养护、公共秩序管理、人员信息管理、安全保卫、能耗监测分析、风险预警等方面；影响因素涉及人员、管理、环境、技术、材料等方面。所以

说，拟定的可靠性评价指标能够通过设备检测、专家评定等方式客观呈现评价结果。这种呈现结果能够反馈装配式建筑产业链系统事后各项指标是否正常运转，并以此为依据为相关项目发展提供指导。另外，指标数量需要精简且具有典型性。最后，尽可能选取定量指标，以便于在数据处理上实现定量化。

（三）互斥性原则

选取的可靠性评价指标：一方面，需要满足彼此相互独立要求，这对提高评价精准性具有重要作用，如若彼此相关性太高则显得冗长复杂；另一方面，各个可靠性评价指标应能反映某一层面固有特征。例如，具有典型性、代表性、概括性。

（四）系统性原则

基于全生命周期特点并考虑装配式建筑产业链系统事后可靠性评价特点，在选取可靠性评价指标时需要遵循系统性原则。理论而言，可靠性评价指标体系的建立，需要从不同层次去考虑。同时，要考虑各指标之间、指标与要素之间的相关关系，并将评价指标体系以一个整体进行考量。

二、可靠性评价指标体系选择的依据

在探索装配式建筑产业链系统事后可靠性评价指标时，要从四方面进行深入挖掘。

（1）影响因素来自项目全生命周期的不同时期。考量到装配式建筑产业链系统属于新型发展项目，在不同时期需要有不同程度的维护。因此，在挖掘装配式建筑产业链系统事后可靠性情况时，要考虑这一项目决策期间的各项安全影响因素（如结构检测可靠性；设计规划合理性等），在使用期间的安全性（如施工操作规范性、材料使用安全性等）。

（2）影响因素作用部位不同。需要明确，装配式建筑产业链系统事后可靠性运作过程，涉及方方面面内容，而这些内容可能最终作用于建筑本身。因此，按照作用在装配式建筑结构的不同部位，可划分为建筑结构构件的因素、非结构构件的因素、建筑设备的因素等内容。

（3）影响因素作用程度不同。装配式建筑是由建筑、设备、电气、给水排水、节能等多项构成的整体，任何一个环节出现问题都将可能出现建筑安全问题，可能影响建筑功能使用，也可能危及人身财产安全。鉴于此，为了尽可能识别更多因素，需要以保障装配式建筑功能及设备设施正常运作为主要依据。

（4）影响因素作用渠道不同。在影响装配式建筑产业链系统事后可靠性的各项因素中，可能来自多个方面，因此可以通过"4M1E"法进行详细探讨。

三、可靠性评价指标体系构建的方法

"4M1E"法最初在工程施工现场质量管理领域中开始应用。此方法从"人、机、物、法、环"五个方面充分探讨了可能影响现场质量工作达成的各项因素。其中，"4M"即指 Man（人），Machine（机器），Material（物），Method（方法），而"1E"指 Environments（环境）。目前，诸多研究文献多依据项目特征进行调整，从而适用于不同项目管理的具体需要。考虑到装配式建筑产业链系统具有较强的复杂性，在具体选取可靠性评价指标时，也可利用"4M1E"法进行分析，原因主要有三点：其一，装配式建筑产业链系统事后可靠性评价指标受诸多因素影响，有来自运维项目全寿命周期、作用部位不同方面，有来自作用程度不同、作用途径不同特征方面。而通过"4M1E"法，可将复杂因素归纳之后构建可靠性评价指标，能够尽可能使框架完整，从而罗列全面效果；其二，"4M1E"法可以涵盖装配式建筑产业链系统事后运维多个环节，而这也是项目全寿命周期不可或缺的管理内容；其三，当前国内学者多从两方面开展可靠性评价体系，即"人-机-环"安全系统角度选取指标，依据安全事故统计分析原理选取指标。对于装配式建筑产业链系统而言，为了适应社会发展需求，后期运维对于项目改造再生有着积极的作用。因此，装配式建筑产业链系统事后可靠性评估是一个持续动态的现场管理过程。本文参照徐赞、谢培才[171]（2014）、李瑶等[172]（2017）研究做法，引用"4M1E法"具体研究装配式建筑产业链系统事后可靠性评估指标体系。

四、指标筛选优化与数据检验

（一）指标筛选优化

本节以"4M1E"法为框架，基于装配式建筑产业链系统事后可靠性基

本状况，试图充分、系统、全面构建具体评价指标体系。具体而言，将"4M1E"法进一步衍生，划分为人员、机械设备、材料、维护管理、使用环境五个维度。深层次来说，在进行指标筛选过程中，需要通过两个步骤进行筛选与优化：一是通过初步筛选指标，利用专家调查、实地调研等多重实践方法海选指标；二是获得初步指标之后，采用聚类分析、相关系数研究方法进行筛选、合并、删除、补充等相关优化操作行为。

（二）数据检验

为了验证指标的有效性，需要通过一定方法对数据进行验证，以得到相关指标重要性、表现能力的独立性检验。一般来说，传统 GO 法虽然在一定程度上对于指标选取做出有效的分析也形成较好效果，但实际上该方法不足之处在于很难保证指标重要性程度值，以及表现能力的独立性，所以需要进一步优化。为此，本文通过改进 GO 法，对所筛选指标的重要性与表现能力进行单独性的检验，用以证明指标的科学性。随后，按照模型特点选用独立样本 T 检验实现这个过程。

（三）评价方式

对装配式建筑产业链系统事后可靠性评价，通常有四类方式：其一，定性评价方法。这类方法一般通过累积的经验、知识及对事物变化规律的了解，采用科学方法进行分析，从而研判研究对象运维实际运行情况；其二，定量评价方法。此类方法主要是通过对数据的分析、检测、对比等方式构造模型，从而评判研究对象；其三，半定量评价方法。此类方法主要是按照一定原则，充分给予研究对象适当的分值，同时通过数学方法得出各项指标的具体分值，最终确定指标等级；其四，综合评价方法。这类方法结合了上述三类内容，从而判定研究对象的等级程度。从本文研究角度来看，装配式建筑产业链系统事后可靠性可能受诸多因素影响，而且性质差异较大，需要结合以上三类方法获取原始评价值。同时可以知悉的是，定性类影响因素评价标准多以专家百分制评分获取，而其他因素则以相关标准逐项进行评判。在具体评判过程中，要综合考量装配式建筑产业链事后运行系统中的建筑外观、能源消耗、设备维护等具体影响因素，作为评判依据进行评分。

（四）评价指标体系

基于前文论述原则并按照"4M1E"法，构建装配式建筑产业链系统事后可靠性评价指标体系，具体见表 6.1。

表 6.1 装配式建筑产业链系统事后可靠性评估指标体系

目标层	准则层	方案层
安全耐久	具有安全防护的警示	在具有危险的地方做一些标志
		特殊部位贴提醒标签
	安全出入口均有安全防护措施	在建筑出入口设置防止坠落的设施
	采用安全防护功能的配件	分隔建筑物的防护栏等采用防护玻璃
		闭门器具具有缓冲功能或延时功能
健康舒适	室内气体符合排放标志	符合 ISO 14000 环境体系标准
	主要污染物的浓度	室内净化装置与装配式建筑的融合情况
	选用装修材料符合国家标准	中国环境标志或 CQC 认证
	水电气系统设置合理	设施配套齐全
经济便利	与道路、绿地、建筑之间的联系无缝对接	无障碍步行系统
	有配套站点或专用设施	增加人们出行的机会
	非机动车场所设置较为合理	保障各自行人的安全
环境宜居	规划布局满足日照标准	执行国家标准或行业标准
	装配式建筑符合城乡规划	配套设施建设符合城乡建设标准
	设置便于识别和使用的标志系统	设置便于使用的相关系统

第二节 可靠性评价

一、方法选择

GO 法作为一种系统可靠性分析方法，于 20 世纪 60 年代由美国 Kaman 科学公司提出，且最先应用于美国军方精密武器系统领域。到 20 世纪 90 年代，日本在原有方法基础上形成 GO-FLOW 法。该方法较传统 GO 法而言扩充了一部分新内容。在经历不断优化升级及实践检验之后，GO 法具备了较为直观的优势，主要包括如下内容：一是能够提供精准定量信息，为进行系统可靠性评价提供充足依据；二是明确系统部件造成系统故障可能性，判断关键部件重要性，再依据重要性展开分级活动；三是可进行系统不确定性和共因失效方面的分析，从而评价系统内部部件的共因失效对系统运行影响，以此明确冗余系统的安全设计原则。另外，GO 法通常应用于复杂系统可靠性分析，而本书考虑的全生命周期内装配式建筑产业链系统事后可靠性评价具备一定复杂性，所以在具体研究采用 GO 法进行。GO 法主要用于分析系统可靠性、安全性等方面的内容。该方法以图形演绎方式，将系统原理图、流程图、工程图直接依据一定规则画作 GO 图，其内在操作符为具体部件代表的内容。而后，人们会利用操作符具体规则开展 GO 计算，以获得系统每种可靠性指标。

二、评价模型内容及流程

(一) GO 法基本概念界定

通过构建 GO 图并进行定量分析是 GO 法的核心操作流程。在完成上述过程中，关键环节在于信号流与操作符，所以 GO 法基本概念涉及操作符、信号流、构建 GO 图、GO 计算四类内容。

第一，操作符。GO 法是以操作符表示单元功能以及单元输入信号与输出信号两者逻辑关系。操作符属性包括类型、数据及运算规则，而类型作为其主要属性，体现了操作符的单元功能及特征。

第二，信号流。信号流代表了系统单元输入、输出以及单元之间关联性，主要通过连接 GO 操作符构成 GO 图。信号流属性则为状态值及状态概率情形，如简单两种状态系统中，状态值 1、2 分别表示成功、故障，处于成功状态、故障状态的概率分别为 $Q(1)$、$Q(2)$，则有 $Q(1)+Q(2)=1$。同时，利用 $0, \cdots, N$ 整数状态代表了 $(N+1)$ 个状态，0 到 N 整数状态值表示了系统状态。

第三，构建 GO 图。在 GO 法运作过程中，通过系统分析从系统原理图、流程图或工程图获取信息并构建 GO 图。GO 图由操作符和连接操作符的信号流组成，其准确的情形应符合如下规则：一是所有操作符标注其类型与编号，且编号唯一；二是输入操作符至少一个；三是任意一个操作符的输入信号必须是另外一个操作符的输出信号；四是信号流由输入操作符开始，不可以发生循环。

第四，GO 计算。构建 GO 图后输入全部操作符数据，而后进行 GO 计算工作。此时，由 GO 图输入操作符输出信号开始，依据下一个操作符运算规则计算，计算其输出信号状态和概率，沿着信号流序列逐个操作符进行运算，直至系统的一组输出信号。此即 GO 计算过程，GO 计算分为定量计算和定性计算。定量计算在分析每个操作符的输入信号状态和单元状态组合，得到输出信号状态的同时，计算输出信号的状态概率，逐步算得代表系统输出信号的状态概率。

（二）标准操作符类型及其运算规则

在 GO 法运作过程中，GO 操作符作为其中的一个基本要素，是构建 GO 图的前提条件，同时也是梳理 GO 法逻辑关系与运算规则的重要元素，因此具有极为重要的作用。一般而言，GO 法基本操作符共有 17 种，此处选择有代表性的几种操作符进行介绍。其中，I 表示输入信号，O 表示输出信号。

第一，两状态单元（第 1 类），符号：

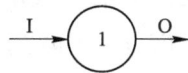

$$\xrightarrow{\text{I}} \enspace \textcircled{1} \enspace \xrightarrow{\text{O}}$$

这类操作符模拟单元仅有两种状态：一是表示信号可以通过，即成功状态；另一种为信号不通过，即为故障状态。此时，假设成功概率为 $Q(1)$，故障概率为 $Q(2)$，那么就有 $Q(1)+Q(2)=1$。接下来分析类型 1 操作符状态组合规则。其中，B_S 表示输入信号状态值，B_C 代表了操作符状态值，B_R 表示输出信号状态值。表中的每一行表示，从输入信号状态值代表的组合情况，可得出输出信号状态的状态值。

类型 1 操作符状态组合规则

B_S	B_C	B_R
$0, \cdots, N-1$	1	$0, \cdots, N-1$
N	1	N
$0, \cdots, N$	2	N

第二，或门（第 2 类），符号：

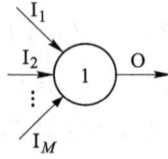

这类操作符有 M 个输入信号，但仅有一个输出信号，表明输入与输出信号之间的逻辑关系。另外，或门的输出信号状态值主要取决于多个输入信号的最小状态值。那么具体运算规则可以表示为 $B_R = \min\{B_{I_1}, B_{I_2}, \cdots, B_{I_M}\}$。

第三，信号发生器（第 5 类），符号：

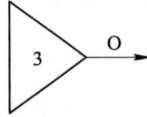

这一类型的操作符并没有输入端，而只有另外事件或系统发出的信号才作为系统的输入。信号发生器操作符主要表示，环境或人为因素对系统的一个作用。那么，此时信号状态值 J_L 具体运算规则为：$B_R = J_L$ 的概率为 $Q_R(J_L) = Q_J, L = 1, \cdots, L_n$。

第四，多路径输入输出器（第 13 类），符号：

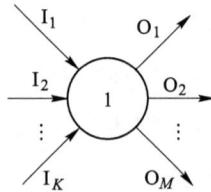

这类操作符总共有 K 个输入信号以及 M 个输出信号，意味着多路输入与输出的情形。当 K 路输入信号状态值表示特定状态组合时表示有输出，反之没有输出，整个线路处于故障状态。此时的运算规则为：当 K 路输入信号状态满足如下状态，即共有 L 组输入信号状态值的组合，也就有对应组合的输出状态值组合，即 $L = \sum_{l=1}^{L} n_L$。

第五，与门（第 10 类），符号：

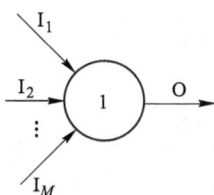

与门有 M 个输入信号，仅有 1 个输出信号。这就意味着，输入、输出逻辑关系是存在的。同时，与门输出信号状态值，很大程度上取决于多个输入信号中最大状态值。两状态问题表示 M 个输入信号都为成功状态时，输出信号才属于成功状态。具体运算规则如下：输出信号状态值是 M 个输入信号中最大状态值，表示为 $Q_R = \max\{B_{I_1}, B_{I_2}, \cdots, B_{I_M}\}$。

第六，限值概率门（第 15 类），符号：

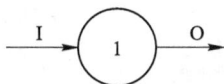

该类操作符对输入信号的状态值和概率值加以限值，进一步给出规定的域值；随后，按照输入信号状态值和概率值是否在给定的域值范围内，重新决定输出信号的状态值。

数据为 $B_1, B_2, B_3, B_4, Q_1, Q_2$。

具体运算规则如下：事先确定 $B_0 = \begin{cases} B_1 & B_1 \neq -1 \\ B_2 & B_2 = -1 \end{cases}$，然后取输入信号的某一状态值 $B_S = L_S$，其概率为 $Q_0 = Q_S(L_S)$。如此即可得出信号状态值：$B_R = \begin{cases} 0 & L_R \leqslant 0 \\ L_R & 0 < L_R < N \\ N & L_R \geqslant N \end{cases}$。

三、GO 法运行流程

GO 法是在事件树基础上进行的优化，是以系统各个单元为基础，将可能出现情况进行整理并合并，从而浓缩到每个操作符，使整体模型更加清晰明了。一般而言，GO 法一般分析过程包括内容如图 6.1 所示。

四、可靠性等级划分

以全生命周期为基础，划分装配式建筑产业链系统可靠度评价等级，能

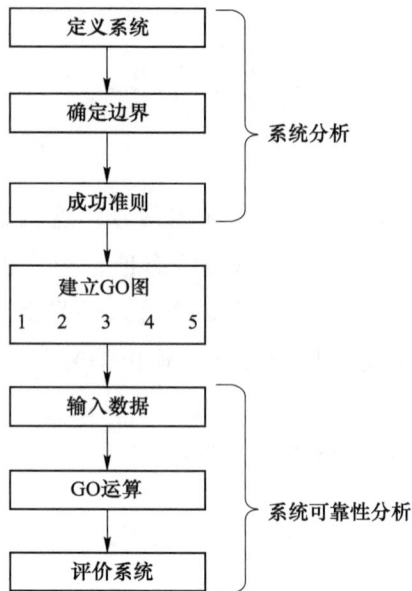

图 6.1 GO 法分析流程

够明确产业链事后运营过程的可靠性程度。同时，链上企业在制定符合自身特点的发展方向时可以此作为参考，让它的构建更加具有实用性，进一步提高装配式建筑产业链系统事后运营的可靠性。因此，要对装配式建筑产业链系统事后可靠性进行评价，需要准确了解可靠性等级，而可靠性等级主要通过量化评分来实现。理论上，制定装配式建筑产业链系统可靠度评价等级，可以充分体现链条成员维护情况及系统整体可靠性高低，可为其他成员提供有价值的决策信息，保证链条的可靠性。因此，为确保评价的科学性和合理性，本书根据 2011—2019 年国家及各省（自治区、直辖市）统计部门公布的关于装配式建筑业统计数据，采用综合评价法进行指标量化评分。同时，参照黄小忠和谢贤平[173]（2017），李术才等[174]（2018）学者的研究方向，指出本文所研究的指标等级划分的具体思维导向。一般而言，选用多年各地区数据可避免特殊年份、地区发展差异影响指标普适性，所以本节通过提取这些数据的平均值、最优值和最劣值，确定相应合格分值与阶段分值对应的数量范围。学界通常采用四个等级来评判某一行业系统可靠性，因此本书同样参照这些学者的观点，将此次研究的等级划分为四种。另外，装配式建筑产业链系统事后运维 GO 运算以成功准则为基础，成功准则不同那么评价结果也各不同。因此,按照装配式建筑产业链系统事后运维内容,确定不同程度的成功准则,以此判断相关评价指标所要求的最小输出信号处于成功状态的可靠度。具体而言,本节将这一可靠度评价等级划分为四级,分级标准及意义见表 6.2。

表 6.2 可靠度评价指标等级划分

可靠性分级	标准	内　涵
I	$0.9 \leqslant Q(t) \leqslant 1$	可靠度极高,装配式建筑项目运维故障率几乎可以忽略
II	$0.8 \leqslant Q(t) < 0.9$	可靠度高,装配式建筑项目运维期间不容易出现故障
III	$0.6 \leqslant Q(t) < 0.8$	可靠度中等,装配式建筑项目运维故障率为 50%
IV	$0 \leqslant Q(t) < 0.6$	可靠度偏低,装配式建筑项目运维期间容易出现故障

第三节　算 例 论 证

一、项目简介

对装配式建筑产业链系统事后可靠性评价,应以具备一定示范效应且已经运行一年以上项目作为评价对象。这里以 A 地装配式建筑产业链流程完成之后投入运营时的场景为例。为响应国家发展装配式建筑号召,A 地区结合自身产业、资源、区位、环境等优势将装配式建筑产业确立为重点发展的三大产业之一。由于该地建筑产业发展基础相当薄弱,政府组织制定产业发展规划、构建产业链。在确定发展目标的基础上,该地区遵循"研发-设计-生产-施工-运营"主线,提速整合装配式建筑全产业链资源。政府等相关部门推出多项支持政策,以发挥产业链中每个相关产业优势,提高产业链整体核心竞争力,推动装配式建筑向规模化发展。对此,为了研究全生命周期视角下装配式建筑产业链系统事后运营的可靠性,本书对 A 地区项目开展了具体论述。选取该项目装配式建筑项目,对于本研究评价指标体系及评价模型进行实证分析,有一定的现实意义。

二、GO 图构建

根据 GO 图构建方法及 GO 图构建流程,本书设计了装配式建筑产业链系统结构简图，如图 6.2 所示，并要经过具体数据进行检验。首先，这一系统由原材料供应商、预制构件加工企业、施工企业、房地产企业与客户共五级组成。

此时假设：在该装配式建筑的建筑过程中，共有一家施工企业（C31）与一家房地产企业（D41），该施工企业的预制构件采购来源于两家预制构件加工企业（B21、B22），而这两家预制构件加工企业又分别有两家原材料供应商（A11、A12、A13、A14）。最终该装配式建筑被出售给一家客户（E51）。如前所述，这一装配式建筑产业链系统所考虑的范围主要在于三大内部主体，而该系统的连接方式特色在于：加工企业与多家材料商合作可以保证自己在预制构件加工的工作中取得足够原料，施工企业则通过与多家加工企业的合作来保证自己的构件供应，在与后续房地产企业与客户的连接上，可以研究到销售与售后部分的可靠性情况。这三段的可靠性正是前述的三大关键节点。故而在系统结构简图的设计上也选择这一设计方案。

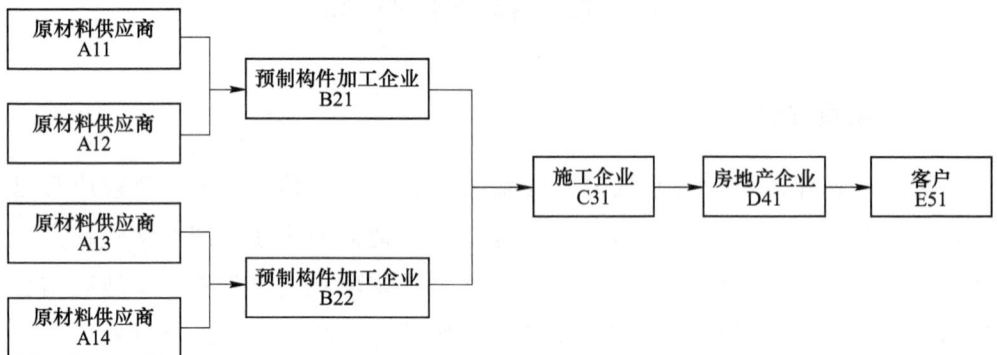

图 6.2 装配式建筑产业链系统结构框图

另外，结合装配式产业链系统事后可靠性评估要求，将图 6.2 转化为 GO 图，得到图 6.3。其中，GO 图一共有 20 个操作符和 20 个信号流，操作符号内的数字前一个表示操作符的类型，后一个数字表示操作符编号，信号流上面的数字表示信号流编号。

三、GO 法定量运算

考虑到操作符和信号流相互独立，所以可以根据 GO 法基本原理得到操作符计算公式。在装配式建筑产业链各节点企业提供服务过程中，存在两种状态：1 为服务成功；2 为服务故障。可以统计一定周期内各节点企业提供

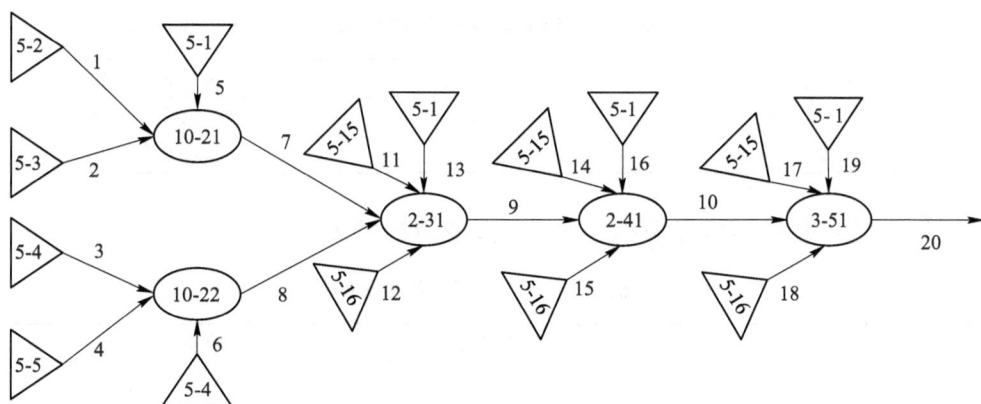

图 6.3 装配式建筑产业链 GO 图

运维服务的成功概率和服务故障概率。装配式建筑产业链系统操作符具体含义见表 6.3。根据 GO 法操作符运算规则，可以进行 GO 运算，假设装配式建筑产业链的节点企业相互独立，通过状态组合集就可以定量计算各信号流处于各状态的概率。计算过程如下。

表 6.3 装配式建筑产业链系统操作符数据

运算符序号	运算符类型	运算符含义	$\lambda/10^{-2}\mathrm{d}^{-1}$
1	5	人员	3
2	12	设备	4
3	5	材料	3
4	5	管理	5
5	10	环境	3

信号流 1 的状态概率见表 6.4，其等效故障率为 3。

表 6.4 信号流 1 的状态概率 （单位：$10^{-2}\mathrm{d}^{-1}$）

状态值	状态组合	状态概率计算
1	A_1	$Q_1 = Q(A_1) = 97$
2	A_2	$Q_2 = Q(A_2) = 3$

操作符 12-2 是一个路径分流器，输出信号流 2 和信号流 3 是相互独立的，可以得到其等效故障率为：$Q_{R2} = Q_{R3} = Q_C + Q_S = 3 + 4 = 7$

信号流 4 的状态概率见表 6.5，其等效故障率为 3。

表 6.5　信号流 4 的状态概率　　　（单位：$10^{-2}d^{-1}$）

状态值	状态组合	状态概率计算
1	A_1	$Q_1 = Q(A_1) = 97$
2	A_2	$Q_2 = Q(A_2) = 3$

信号流 5 的状态概率见表 6.6，其等效故障率为 5。

表 6.6　信号流 5 的状态概率　　　（单位：$10^{-2}d^{-1}$）

状态值	状态组合	状态概率计算
1	A_1	$Q_1 = Q(A_1) = 95$
2	A_2	$Q_2 = Q(A_2) = 5$

操作符 10-5 是一个与门，得到信号流 6 的等效故障率为

$$\lambda_{R6} = \lambda_C + \sum_{i=1}^{M} \lambda_{Si} = 3 + 7 + 3 = 13$$

同理，信号流 7 得到其等效故障率为

$$\lambda_{R7} = \lambda_C + \sum_{i=1}^{M} \lambda_{Si} = 4 + 7 + 5 = 16$$

操作符 1-7 是类型 1 的两状态单元，得到信号流 8 的等效故障率为

$$\lambda_{R8} = \lambda_C + \lambda_S = 5 + 13 = 18$$

同理，根据信号流 9 可以得到其等效故障率为

$$\lambda_{R9} = \lambda_C + \lambda_S = 4 + 16 = 20$$

操作符 2-9 是一个类型 2 的或门，计算出信号流 10 的等效故障率为

$$\lambda_{R10} = \lambda_C + \prod_{i=1}^{M} \lambda_{Si} = 5 + 18 \times 20/100 = 8.6$$

根据上述计算过程及结果，10 个信号流的等效故障率见表 6.7。

表 6.7　装配式建筑产业链各信号流的故障率计算结果

（单位：$10^{-2}d^{-1}$）

信号流	故障率	信号流	故障率
1	3	6	13
2	7	7	16
3	7	8	18
4	3	9	20
5	5	10	8.6

由表 6.7 可知，该装配式建筑产业链集成设计、部品部件生产、物流配送、施工装配等企业给建设单位提供一体化服务，最终装配式建筑产业链事后系统服务等效故障率为 $8.6×10^{-2}d^{-1}$。该装配式建筑产业链在各节点等效可靠度也可算出，具体见表 6.8。

表 6.8 装配式建筑产业链各信号流的可靠度计算结果

信号流	可靠度	信号流	可靠度
1	0.97	6	0.87
2	0.93	7	0.84
3	0.93	8	0.82
4	0.97	9	0.80
5	0.95	10	0.914

根据表 6.8 可知，该装配式建筑产业链系统运营可靠性为 0.914，根据前文装配式建筑产业链系统评价指标等级划分标准，可知该装配式建筑产业链事后运营可靠度极高。同样看出，部分企业运营可靠度低于 0.9，但装配施工企业通过并联来集成它们的服务，从而显著提高整个系统的可靠度。进一步分析可知，装配式建筑产业链中各信号流的可靠度都已计算出，即装配式建筑产业链中评价指标可靠度比较高。若系统最终输出信号可靠度低的时候，是可以判断出系统可靠性的最薄弱环节，在该环节加强可靠性管理，是可以提高系统的可靠度，从而提高装配式建筑产业链服务的可靠性及服务质量。

另外，在产业链运作过程中，每一个服务流程可靠度以及节点企业的可靠性水平，给管理者提供详尽的信息，可以促进各节点企业的可靠性管理，实现可靠性管理机制化、常态化。比如在产业链可靠性评价中，有物流运输过程中的可靠度较低的情况，那么物流运输部门可以就运输服务可靠性的薄弱因素进行管理，如果有超常规构件，可提前规划路线或进行夜间运输等，以提高运输过程的服务质量稳定性，也就促进了该节点企业及整个产业链的可靠性水平。

通过前面分析看出，基于 GO 法装配式建筑产业链系统事后可靠性评价指标可靠度较高。这些高标准的评价指标，不仅可以给管理者提供整个系统的可靠性水平，而且可以得到产业链中的每个节点企业的可靠性水平，从而实现对系统及其流程的可靠性管理，有助于实现装配式建筑产业链稳定发展。

四、评价指标可靠性结论

考虑到装配式建筑产业链节点较多，而且存在诸多影响因素，涉及部门较为分散，所以很难精准获取各节点数据，在计算时面临一定难度。因此，可通过算例方式对精简之后的装配式建筑产业链系统事后可靠性进行分析，由此说明 GO 法在产业链系统事后运营可靠性方面的应用。由前文可知，本系统设置 $R_r(t) = 1$，$\lambda_r = 0$。又由于终端用户在实际中仍有许多不可控因素存在，故暂将终端用户可靠性亦设置为 1。此时 $R_{d1}(t) = R_{15-9}(t)$。

其他组成部分的失效率与可靠度数据见表 6.9。

表 6.9 供应链系统各企业失效率与可靠度数据

子系统	失效率	可靠度
5-1	$\lambda_r = 0$	$e^{-\lambda_r t} = 1$
15-2	0.2315	0.769
15-3	0.1763	0.824
15-4	0.1652	0.835
15-5	0.3719	0.628
2-6	0.2365	0.764
2-7	0.3748	0.625
10-8	0.4103	0.590
15-9	0.0902	0.910

经计算，$R_s(t) = 0.932$，$R_d(t) = 0.913$，$R_o(t) = 0.596$。

将表 6.9 中数据输入代入式
$$\begin{cases} R_c(t) = R_r(t) \cdot R_s(t) \cdot R_o(t) \cdot R_d(t) \\ F_c(t) = 1 - F_c(t) \\ \lambda_c(t) = \lambda_s + \lambda_o + \lambda_d \end{cases}$$
并求解，得出：

$R_c(t) = 0.932 \times 0.913 \times 0.596 \times 1 = 0.507$

$F_c(t) = 1 - 0.507 = 0.493$

$\lambda_c(t) = (0.2315 \times 0.1763 + 0.2365) \times (0.1652 \times 0.3719 + 0.3748) +$
$\qquad 0.4103 + 0.0902 = 0.6214$

为通过更合理的方式进行可靠性分析，本节援引袁晓玲、叶林等对于产业链企业可靠性预警研究时提出的预警模型。经计算，本产业链可靠度 $R_c(t) = 0.507$，这已是较低水平。在实际运作时容易出现故障，产品交付出现问题，影响产品、服务的质量。这都将降低本系统组成企业的市场竞争力。为更结合实际说明这一情况，本节引入叶林、袁晓玲对于系统可靠性预警模型的结论，具体应用见表6.10。可靠性预警模型常用于对系统可靠性进行显示评估，在实际分析中也常被引用。

表6.10　产业链可靠性预警模型

预警区域	可靠性数据大小	结　论
良好	[0.9，1]	该系统可靠性高，不易受外界干扰，且在实际生产中能及时完成要求，产业链整体运行流畅
轻度警告	[0.75，0.9)	该系统可靠性较高，基本不受干扰，出现故障的概率较低，实际生产能及时完成要求的概率比较高，产业链运行比较流畅
中度警告	[0.45，0.75)	该系统可靠性较低，有时会受到干扰，出现故障的概率也比较高，实际生产时出现不能及时完成的情况，产业链运行出现问题，需要及时处理以防止更大疏漏的出现
重度警告	[0，0.45)	该系统可靠性很低，经常受外界影响干扰。经常出现故障，实际生产时经常不能及时完成，产业链出现大问题，必须马上做出调整

从表6.10中可以看出，本次研究的装配式建筑产业链系统事后可靠性评价指标等级处于良好状态，部分评价指标处于轻度警告状态。因此，还需要及时寻找切实解决方案，不断优化这些危机。

第四节　本　章　小　结

本章运用GO法来对装配式建筑产业链进行可靠性评价，根据已有的文献，装配式建筑产业链可靠性分为Ⅰ、Ⅱ、Ⅲ和Ⅳ四个等级（见表6.1），为装配式建筑产业链可靠性的评价结果提供判断标准。以A地区装配式建筑项目为例，首先构建装配式建筑产业链流程图，进而建立系统GO图，进行GO法操作符定量计算，从而计算出装配式建筑产业链可靠度结果。

第七章 装配式建筑产业链可靠性管理

以装配式建筑产业链可靠性分析为基础，同时考虑到相关产业链实际运作可能遇到的干扰因素，进一步从组织结构、安全等方面，提出装配式建筑产业链可靠性管理建议，以期不断强化各相关单位管理能力，提升产业链运作效能。

第一节 组织结构管理与优化

一、合理化筛选组织人员

对于装配式建筑产业链运作而言，各层次组织人员起到关键驱动作用。故此，在产业链运作过程中，管理部门应合理化筛选合格组织人员参与整体运作过程，以此提升组织统筹与协调能力。一般情况下，装配式建筑产业链运作对项目承包商、设计商、施工单位以及其他参与方的要求均较为严格，需组织人员具备良好的素质能力，方可凸显协同管理优势。在管理部门筛选组织人员之前，应采用核心企业确定内部核心人员的评价体系与方式，选择适合的组织人员参与项目开发。例如，管理机构可采用能力评价结构与360考评方式，并结合产业链实际运作情况，选择一批专业性较高、具备一定成熟性的组织人员。在筛选之后，管理部门需针对人员的声誉、专业能力等进行全方位评估，严格把控各层次人员的实际参与能力与其他专业素养，以此确保其更好参与产业链运作。

二、强化参与方合作能力

对于装配式建筑产业链规范化运作而言，组织协调能力起到关键作用，是提升产业链可靠性水平的关键环节。故此，在针对装配式建筑产业链整体运作过程中，需加强各个参与方的组织协调能力，充分发挥各组织间的优势，提升产业链运作可靠性。并且装配式建筑产业链协同管理需强调不同阶段、不同专业参与方之间的长期合作，在确保运作效率的同时，促使各参与方之间形成利益共享、风险共担的管理模式。具体而言，需注重在设计前加强各参与方之间的交流，合理规划有形资产与无形资产，形成各参与方能效互补局面。并且在产业链运作过程中，需强调各参与方协同能力与技术使用方式，提升产业链运作能力。另外，在产业链运作后期，需大力强化各参与方之间的管理配合能力，通过后期作业协同管理方式，提升整体组织的协同管理效率，进而提高产业链可靠性水平。

三、强调总承包方的核心地位

在装配式产业链运作过程中，总承包方扮演着中间核心地位，其不仅是整体项目的规划设计者，还是项目实行过程中的监督方。为提升产业链可靠性水平，需持续强调总承包方的核心地位，以此强化整个产业链运作时效性。且从装配式产业链多重目标来看，总承包方对组织协同管理具有较大作用。各部门应以总承包方为基准，对项目目标进行统筹规划，以顶层设计带动产业链运作，提升整体链条协同管理能力。并且，总承包方应针对产业链运作可靠性，持续创造共享的管理理念、制度与激励方式，充分发挥自身领导带动作用，进而确保产业链上各主体之间的资源协同与目标协同。

四、突出组织协同与经验共享

从经济效益角度来看，建筑物装配式产业链整个项目涵盖各个企业间的物质流、信息流与价值流，其运作可靠性是保证项目顺利实施的基础。而组织协同与经验共享则是项目实施的关键环节，其程度高低直接关乎项目运作水平高低。故此，各企业之间应意识到自身在整体产业链间的角色与作用，充分认知产业链工程风险的系统性、复杂性、传递性与阶段性。各企业应充分发挥自身团队协同精神，创造客观协同条件，提升彼此之间的交流能力与信息化水平，进而促使各类经验在产业链链条之上实现共享。以此为基础，企业应基于自身经验，通过构建 BIM、CIM 与 SCVS 等模型，实现彼此间信息共享，打破产业链条之间的信息壁垒，促使链上物质流、信息流与价值流实现高效流动，最终提升产业链可靠性水平。

五、提升施工人员培训力度

为适应社会进步与科技水平不断提升的大时代背景，装配式建筑产业链管理部门应依据国家技术标准，大力匹配产业链施工方法与技术工艺特征，对从事装配式产业链各环节工作的人员进行大力培训，以此满足各部门管理要求，提升产业链运作水平。一方面，加强对施工单位与管理部门进行技术与安全培训。监管部门应针对产业链运作实情，定期对施工单位与技术管理部门进行技术与安全培训，且可通过聘请专家方式，为相关人员进行实践讲解，以保障各施工环节顺利进行，提升施工安全性。另一方面，需针对产业链管理人员与运维人员进行可视化管理培训。监管部门应坚持"管生产必须管安全"的原则，认真对管理与运维人员展开可视化培训，并建立对应的职责体系，以确保管理工作顺利实施，并完成相应管理目标。另外，在具体培训过程中，监管部门应建立健全生产安全监督保障体系，成立专门培训机构，明确层次化培训流程，形成由上至下的培训方案，确保相关培训工作顺利开展。特别针对一些经验不足的人员，监管部门应形成规范化制度。加强对相关人员开展流程化培训，以观摩、案例讲解等形式建立针对性培训体系，以此提升相关人员工作能力，保障产业链运作可靠性。

第二节 加强产业链安全管理

党的二十大报告指出，着力提升产业链供应链韧性和安全水平。产业链供应链是经济运行的重要基础，产业链供应链安全稳定，经济平稳运行就能得到有效保障。产业链供应链韧性和安全水平得到提高，能够稳固国内大循环主体地位、增强在国际大循环中带动能力，从而加快构建以国内大循环为主体、国内国际双循环相互促进的新发展格局。保障"产业链供应链安全"，要"稳链"，更要"强链"，我们必须不断增强产业链韧性和竞争力，采取更加有力有效的措施，培育壮大优质企业，优化产业发展环境，着力构建自主可控、安全高效的产业链供应链。故此，面对复杂的国际分工环境，以及国内产业运作情况，装配式建筑产业链系统若想稳健运作，需加强全流程安全管理。

一、树立成熟的产业链安全观

维护装配式产业链安全不是需要以封闭式管理方式实现内部生产安全可控，更多是需要树立正确安全理念，认清产业链运作面临的安全形势，时刻保持一种危机感，增强产业链竞争动力，进而提升相关企业核心竞争力。一方面，关联企业不应忽视作为发展中产业的基本实情，也不能忽视产业尚不成熟的现状。其更多需要基于产业链发展安全，加严市场准入与外资准入等领域的审查，强化产业链整体投资实力。另一方面，为给装配建筑物产业链整体建立一道防火墙，需明确产业发展动态安全线，在开放与发展过程中解决安全问题。针对这一措施，企业应根据产业链整体发展情况以及未来发展方向，确立阶段性发展规划与安全防护措施，以动态发展中界定合理化的产业安全界线，维护链条运作安全性。

二、营造良好的安全保障环境

为确保装配建筑产业链运作达到国家与企业安全标准，政府与行业机构应致力于为相关企业营造一个良好的安全保障环境，以提升产业链运作安全性能。

第一，完善产业链安全保障机制。针对影响装配建筑物产业链对外投资、关键技术与特定产品与服务输出等复杂因素，国家需加快建立产业链安全法以及配套的保障规定。特别是针对装配式建筑产业链的技术应用措施、外资管理、产业保护等法律法规进一步完善，强化对产业的保护效果，以促使其逐步适应国际产业链全球布局要求。并且，国家应强化产业走出去，增强装配式建筑物企业在海外市场的准入机会，为企业在市场发展中争取更大利润空间。

第二，规范外商投资行为。外商投资是装配式建筑产业链稳健运作的资金来源与后方驱动，国家应尽可能避免外商恶意并购等行为，控制产业链核心环节，不断弱化产业链运作过程中可能遇到的风险。同时，针对装配式建筑产业链发展，国家亟须建立差异化外商并购审查机制，进一步规范外商对该产业链的投资领域，强化产业链发展能效。此外，为保障产业链长久、安全发展，政府应与行业协会进行协商，扩大对该产业投资审查边界，圈定具体外资准入范围，逐步营造一个良好的安全保障环境。

第三，健全产业链安全援助体系。行业协会应与企业达成合作，聘请专业法律咨询机构、税务专家与知识产权保护专家等权威机构，针对产业链运作安全展开专业咨询。必要时建立与国家监管机构相匹配的安全协作机制，为产业链提供及时有效保护，强化其运作安全性与可靠性。

三、强化核心环节管控

在国际产业链分工与经济全球化发展背景下，企业应根据影响装配式建筑产业链可靠性的因素，持续强化核心环节管控，提升产业可靠性。

一方面，企业应尽快建立可操作性较强的产业链安全预警机制，针对产业运作中可能出现的风险进行提前预警与处理，利于防范产业风险。在此基础上，应建立产业链发展快速反应机制，委托第三方机构密切关注市场上有关产业发展可能遇到的宏观经济问题，避免产生自身运作与市场不匹配问题。并且，企业应进一步完善产业链安全数据库，为适应自身长期发展需求尽快建立基于全覆盖的产业链安全数据库，加强对参与单位的安全培训，以提高产业链安全运作可视化水平。

另一方面，加严核心环节监管。行业协会应构建装配式建筑物产业链安全防控体系，加强对其中的核心环节进行管理与控制。

一是建立产业链核心关键环节运作标准，强化对相关环节安全审核。

二是落实产业链安全审查机制，增强对关键环节风险管控，适度调节环节运作流程，提升其风险管理水平。

三是适度控制关键环节技术应用能力，强化对相关环节速度与质量管理，防止产业链条出现"空心化"风险。

四、鼓励企业大力开展自主创新

若想促使装配式建筑产业链获取长久发展动能，政府、行业协会与企业应从顶端到基层持续发力，强化链上主体自主创新能力，以从根本上提升其自主创新能力，进而形成可控性较强的安全防护体系。

其一，从装配式建筑物产业链角度出发，针对开发设计、原材料供应、施工、运维等环节进行集成化处理。以项目集成为依托，整合各类型企业与行业资源，为企业提供技术创新支持。以此为基础，企业利用自身技术优势，合理进行资源配置与内部研发，大力进行施工技术创新，最终推动整个链条创新发展。

其二，政府与行业协会应鼓励企业加大内部技术研发，积极与国内外企业合作，提升自身核心竞争力。企业需结合技术改造、创新，以及资本运营等环节，凭借相关环节技术优势，大力开发具备自主知识产权科研成果，持续推动内部技术创新。且企业应结合当前信息技术，加强对核心技术改造与应用能力，扩大其市场覆盖率，进而强化整体产业链运作可靠性。

第三节　构建装配式建筑产业链安全洞察管理机制

一、设计结构检测动态管理机制

部分装配式建筑经过结构检测后，仍需要采取加固等措施，但这种做法面临较大问题。为解决这类问题，相关机构需要以新建筑功能为基础，设计动态管理机制，以应对装配式产业链面临的各种安全问题。为保证装配式建筑产业链运作的安全性，安全检测机构需要对装配式建筑产业链的结构进行动态管理。具言之，设立专门检测机构与维护部门，配备高素质专业人才，通过设立具体的动态监测机制，不断优化装配式建筑产业链系统结构的安全性。同时，考虑到部分装配式建筑产业链系统存在系统不完整性，这对工业再生时的结构设计产生一定的障碍。这种情况下，相关检测机构要建立装配式建筑结构检测的相关机制，对再生利用前、再生利用施工过程中的装配式建筑产业链系统进行定期结构检测及跟进，根据检测结果提出针对性指导建议。例如，可考虑对装配式建筑产业链系统进行加固、置换失去承载力的结构，或对相关构件进行补强等措施。另外，装配式建筑产业链系统中的企业也需要定期检测，对建筑构件强度、结构情况、基础承载力等进行评估，并制定动态监测机制，同时按照这一机制将检测结果反馈给部门。这种自上而下，自下而上的动态、循环的建筑结构检测机制，是实现装配式建筑产业链系统优化运作的有效保证。

二、建立安全风险感知反馈管理渠道

缺乏有效的日常反馈管理渠道，是装配式建筑产业链系统有效运作的一大难题。建立一套从设计、施工、使用后评价的完整体系，是有利于推进装配式建筑产业链系统有序发展的重要措施。一般情况下，装配式建筑产业链系统从生产、装配到后期运营，都需要一定程度的反馈评价。为此，增加安全风险感知反馈管理渠道，研究能直观的体现项目使用后的效果，可以有效提升装配式产业链系统的运作效果。

第一，建立针对性的反馈渠道。一般来说，装配式建筑产业链系统反馈渠道主要涉及两类受众，即服务对象与专家。其中，服务对象不限于游客、居民、运营管理人员。因此，装配式建筑产业链系统中的运作管理人员，需要设计一定的反馈渠道，可以及时从这些服务对象中获取相关评价反馈内容，从而获得最优反馈，以解决系统存在的各类问题。

第二，建立安全评估反馈渠道。以全生命周期为基础，考虑装配式建筑产业链系统中的安全风险。在此情形下，相关机构需要对装配式建筑产业链系统的运营和管理的内容进行评价，能够通过挖掘根源性问题，给出具体的安全反馈渠道。在这类渠道中，管理人员还需要将景观布置、空间规划、建筑结构安全等方面，建立有关反馈渠道，让更多的人可以参与其中。

此外，由于专家在装配式建筑产业链系统中的作用较为明显，也能够掌握不同改造模式。因此，建议专家在不同设计方案下，考虑装配式建筑产业链系统安全的反馈渠道，并及时公布产业链全过程的运作特点及规律。

三、加强链上使用管理机制

现有理论认为，系统运作的好坏与否，与人员层面有直接的影响。同时，由于人员影响因素对其他因素产生连带影响，导致其他因素也会成为发生事故的诱因。在此情形下，为了有效避免装配式建筑产业链系统出现安全事故，相关管理人员要从使用管理机制方面，不断强化链上参与主体的运行安全性。具体而言，管理人员要建立专门的使用管理机制，不断优化装配式建筑产业链系统的安全性。在这一过程中，要有效管理装配式建筑产业链系统的可再生项目运维服务对象，从而避免装配式产业链系统运营管理过程中出现的各类安全问题。

第四节　建立"四个配套"标准保障机制

一、标准配套

完善制度装配式建筑相关技术标准、图集、导则等，培育建筑产业化研究机构。通过制定完善相关标准体系，以标准为纽带，使设计、构件部品生产、现场施工形成紧密关联、配套协作的建筑产业化生产链。

二、产业配套

加强装配式建筑部品、部件生产基地建设，完善上下游产业链。统筹考虑生产基地布局，引进实力强的知名企业，避免实力较弱的小企业一哄而上，形成新的产能过剩。

三、队伍配套

从设计开始，从工厂生产抓起，从现场组装抓起，打造新型的队伍。完善多层次装配式建筑企业和管理部门相关人员的分类培训机制，联合相关院校，通过项目实践、校企合作等形式，进行岗位培训、继续教育，培养该专业领域的设计人员、构配件生产人员、施工人员、监管人员，提升产业工人和监管队伍素质，提高建筑行业科学管理和技术水平。

四、监管配套

加强对预制部品构件质量管理，建立构件生产企业诚信管理机制。依据有关法律法规和规范规程，对装配式建筑的设计、施工进行严格监管，严格落实开发、设计、构件生产、施工和监理责任，通过试点工程，探索建立全过程监管体系。

第五节 优化装配式建筑技术管理措施

一、建立生产技术管理标准化

加快企业技术创新体系建立，企业建立各类研究开发机构，推动企业成为技术进步和创新的主体；各个企业可能有自己独特的体系，应鼓励各个先行企业将自己的企业标准提升为××市标准。应推广以半强制性为主、半强制性与推荐性相结合以及强制性与推荐性相结合的标准化体系。实行住宅技术方案竞赛制度，通过一系列技术方案设计比赛，调动企业进行技术研发的积极性，满足客户多样化需求要求。根据不同的建筑结构体系，完善部品部件的设计、生产和施工工艺标准，编制标准图集、通用技术导则、指南和手册。

研发和推广装配式建筑施工组织技术，连接节点的防裂防渗技术，推广集保温、装饰、围护与防水一体的预制外墙等新型墙体围护结构和技术，适合预制装配的节能及新能源利用技术，生态环境保障技术，大型预制构件的物流组织运输技术，管网技术与智能化技术等。提升建筑产品的性能、建筑节能、抗震防灾、新材料应用、现场拼装技术等方面加强研究。主体结构、围护结构、厨卫、设备建筑产品的部品和构配件进行系统设计，研究预制外墙、门窗、外饰面砖、保温体系一体化预制技术。

二、提升技术应用管理水平

第一，创建基于 BIM 技术合作交流平台。在装配式建筑的详细设计过程中包括建筑、结构、设备三个专业。BIM 软件的发展使建筑、结构、设备进行并行设计成为可能。BIM 技术把设计、采购、生产、配送、存储、施工、财务、运营、管理等各个环节集成在建立的信息化数据平台，可以成为装配式建筑全过程管理平台、分析与设计系统、施工现场管理平台，能够实现各参与主体信息共享。建设标准化预制构件和部品数据库，开展模拟拼装、部品部件协调检查、工程量数据分析。

第二，鼓励使用 ERP 企业资源计划管理系统，发展基于 BIM 的一体化项目实施应用研究。

第三，探索对装配式建筑项目大数据管理，建设集钢铁、建材、安装、物流、家装、家电、智能制造为一体的"产业集群"，充分运用大数据管理产业链。学习格力、海尔等大型电器设备制造商的运营模式，完善全产业链。新建立集成应用互联网、物联网和 GPS 定位等信息技术的装配式建筑项目管理系统，完成装配式建筑项目全过程的追踪、定位和维护。在构件产品中植入无线射频识别芯片，实现预制构件在验收、安装、物流、仓储、生产等环节，生产、安装、维护全过程的质量可查、可追溯。

三、强化工程技术内容管理

装配式建筑工程项目在建设时，要加强对工程图纸的审核力度，以保证审核工作的全面有序开展。对图纸中涉及的各种问题或者隐藏的漏洞等进行客观分析，一旦发现漏洞要及时督促图纸设计人员快速改正，并对改正内容进行确认，确认之后才能真正应用在整个施工中。通常情况下，在项目开始之前，施工人员要对设计图纸中涉及的内容进行仔细认真的研究，必要时各部门之间还可进行有效的沟通和交流。另外，还要保证施工设备在选择和配备时的合理性，应安排专门人员对施工设备进行定期的维护和保养，保证施工设备在整个装配式建筑施工中能够实现正常稳定运作，为提升施工效率和质量提供保证。在实践中，加强技术资料档案的管理力度，对装配式建筑工程的设计图纸以及变更图纸等进行统一的登记和管理。如此一来，不仅可整合装配式建筑产业链工程项目相关资料，而且还能对后续使用提供便利条件。

第六节　健全装配式建筑产业链系统顶层管理思维

一、优化系统发展理念

为了推动装配式建筑产业链系统更平稳地发展，相关顶层设计人员需要把握两个重点，即系统性思维和产业思维，从宏观层面做好顶层管理思维设计。一是系统性思维方面，要树立绿色发展理念。装配式建筑产业链系统顶层设计管理理念不仅应停留在节约资源、环境保护方面，更应注重现代建造文明的发展，如工匠景胜、自律精神等内容在整个装配式建筑产业链系统中得以体现。同时，要把握装配式建筑产业链系统构造方式的工业化。一般而言，工业化发展是装配式建筑产业链系统发展的核心基础，所以高层管理者需要充分认识到工业化系统管理思维在装配式产业链系统中的应用。另外，继续推动建造方案的信息化。通过信息化与工业化的深度融合，使得装配式建筑产业链系统管理更为合理、科学。不仅如此，未来中国装配式建筑产业链系统要想更好地发展，需要基于建筑工业化建造理念，尽快实现建造管理的科学化与社会化。二是产业思维方面，要塑造更先进更前卫的优化管理思路。具言之，目前装配式产业链系统的转型发展仍停留在行业层面。就现实而言，虽然装配式建筑产业链系统处于"放管服"状态，但这并不能推动整个装配式建筑产业链的转型发展。因此，为了纾解此类困境，高级管理层需要真正从全产业链角度出发，不断更新现有设计理念，推动装配式产业链系统有效发展。

二、推行集成化发展思维

装配式建筑作为行业践行绿色发展理念的重要着力点，近年来广受关注。于产业链系统而言，装配式建筑较传统浇筑建筑可缩短 25% ~ 30% 的工期，也可降低 60% 的砌筑抹灰砂浆，同时减少 70% 的建筑垃圾。因此，装配式建筑管理设计人员要着力推进集成化发展思维，不断为产业链系统提供新的发展方向，促进建筑业与信息化工业化深度融合，培育产业新动能，从而化解产能过剩的矛盾。

第一，以集成化思维设计解决方案，推动装配式建筑产业链系统化发展。由于装配式建筑是一个系统工程，所以相关人员要以"装配式建筑"作为一个完整产品来思考，并以"一体化建造"理念，推动集成化的装配式建筑产业链平稳发展。在具体设计过程中，要以主体结构系统、外围防护系统、机电设施设备系统、装饰装修系统通过技术优化，按照一定的技术接口与协同原则进行组装。从这一维度，不断推进装配式建筑产业链系统的集成化发展。

第二，以集约化理念提升产品品质。在用集成化思维推动装配式建筑产业链系统发展过程中，链上参与者要树立绿色发展理念，应将发挥装配式建筑的优势作为最终目标，要在每一个环节中都努力提升产品品质，并综合运用 BIM（建筑信息模型）、大数据、5G、人工智能等紧跟时代发展的技术手段。

第七节　加强对工程管理人才培养

要想从根本上保证装配式建筑工程项目施工质量得到有效提升，就要意识到管理人才在其中的重要性。在实践中要对管理人才队伍进行合理的建设，保证管理人员自身具有专业素质，其业务能力以及责任心等各方面达到标准要求。针对现有管理人员进行定期培训和教育，保证管理人员自身综合素养的全面提升。在组织培训活动时，要实现多元化的培训，这样做的目的是保证管理人员建立自我提升的意识，认识到管理工作的重要性，使其工作更加主动。除此之外，相关部门还要加强与职业院校或者社会培训机构之间的合作，定期安排管理人员到机构内部学习先进的管理理论和技术，以提升管理人员自身的知识水平，实现理论与实践的高效结合。尤其是在新时期下，我国信息技术的高速发展，针对管理人员而言，要加强对其信息素养的培养，使管理人员能够实现对信息技术的合理操作，有效提升日常管理工作的效率和质量。

第八节　本 章 小 结

通过对装配式建筑产业链可靠性的评价，才能判断装配式建筑产业链的运行情况，从而进行有针对性的可靠性管理。从组织结构管理与优化、加强产业链安全管理、构建装配式建筑产业链安全洞察管理机制、建立"四个配套"标准保障机制、优化装配式建筑技术管理措施、健全装配式建筑产业链系统顶层管理思维、加强对工程管理人才培养七个方面提出装配式建筑产业链可靠性管理建议。希望能对装配式建筑产业链可靠性管理提供参考。

第八章 结论与展望

第一节 结 论

一、界定了装配式建筑及装配式建筑产业链概念

本章将装配式建筑定义归纳界定为构件在加工厂或施工现场制造，通过机械吊装和一定的连接手段，把零散的预制构件在现场安装连接成为一个整体而建造起来的建筑。将装配式建筑产业链归纳界定为以装配式建筑为对象，以风险共担利润共享为导向，将研发、设计、生产、施工、运营及维护等来自不同链节企业的优势力量和优势资源集中起来，通过经济关系、供应关系或技术关系链接起来形成相互依存、相互影响、共同发展的动态增值链。根据利益主体不同将装配式建筑产业链简化为"五大链节"。

二、建立了基于信息化技术的装配式建筑产业链结构

从全生命周期角度审视装配式建筑产业链，将装配式建筑产业链链节节点总结为决策与研发、设计、生产制造、施工装配、运营维护五个主要阶段，其参与主体为政府、建设单位、设计单位、预制构件厂、供应商、施工单位、顾客消费者，分析各阶段装配式建筑产业链参与主体的角度定位，并将 BIM 等信息技术作为信息载体，通过过程协同、目标协同、主体协同等构建路径，建立了基于 BIM 等信息技术的多主体协同的装配式建筑产业链结构。

三、装配式建筑产业链事前、事中、事后可靠性研究

事前可靠性是指产业链可靠性设计，包括合作伙伴的选择和利益分配机制确定。利用初选-精选-优化组合三阶段模型，确定了装配式建筑产业链合

作伙伴的优化组合，利用修正 Shaply 模型确定了可靠的装配式建筑产业链利益分配机制。

事中可靠性是指产业链可靠性评估，初步建立了涵盖三个一级指标、八个二级指标与 24 个三级指标的装配式建筑产业链可靠性评估指标体系，运用 DEMATEL 对指标进行筛选，通过检验，剔除不符合要求的指标，保留有效指标，通过实证，依据专家对各指标的打分，利用层次分析法和熵权法综合确定各指标权重，借助 SPSS 软件，通过信度和效度检验，确定各指标对装配式建筑产业链可靠性的影响程度。

事后可靠性是指运用 GO 法对装配式建筑产业链进行可靠性评价。以 A 地区装配式建筑项目为例，首先构建装配式建筑产业链流程图，进而建立系统 GO 图，进行 GO 法操作符定量计算，从而计算出装配式建筑产业链可靠度结果。

四、装配式建筑产业链可靠性管理

通过对装配式建筑产业链可靠性的评价，判断装配式建筑产业链的运行情况，从而进行有针对性的可靠性管理。从组织结构管理与优化、加强产业链安全管理、构建装配式建筑产业链安全洞察管理机制、建立"四个配套"标准保障机制、优化装配式建筑技术管理措施、健全装配式建筑产业链系统顶层管理思维、加强对工程管理人才培养七个方面提出装配式建筑产业链可靠性管理建议。

第二节　创　新　点

一、建立了基于 BIM 技术的贯穿装配式建筑全寿命周期的产业链结构

装配式建筑和 BIM 在我国均处于初步发展和应用阶段，对装配式建筑与 BIM 的交叉应用和研究较少。与传统建筑建设模式相比，装配式建筑项目建设周期短、信息交叉多、协调难度大，参与者涉及众多专业和部门，其生命周期包括了从勘测、设计、工厂制造、现场装配、维护等多个阶段，如何通过实现装配式建筑项目全生命周期和全产业链的信息协作，有效地协调产业链不同参与者之间的信息和利益关系，精确掌握施工进程，以缩短工期，降

低成本，提高质量，既是当前装配式建筑行业急需解决的现实问题，也是装配式建筑产业链构建过程中必须解决的关键问题。

BIM 等信息化技术对装配式建筑产业链的构建，不仅仅局限于产品子链整合中的信息整合，更重要的是，装配式建筑产业链上的各个行为主体可以把 BIM 作为信息载体，以该载体为基础促进项目各方的利益平衡，以促进质量、安全、进度为基础不断加强产业链纵向管理。

二、对装配式建筑产业链可靠性进行了事前、事中和事后分析

国内外关于装配式建筑产业链可靠性研究的文献较少，几乎处于空白状态。相似文献大多是研究制造业或物流服务业供应链的可靠性。本节将应用于其他领域的方法，移植到装配式建筑产业链的可靠性评估研究中，并将其分为事前的可靠性设计、事中可靠性评估和事后可靠性分析三个阶段，拓展了装配式建筑可靠性评估的研究思路。

第三节 展　望

有待进一步解决的问题。

（1）在装配式建筑产业链参与主体的利益分配中，本书采用的是修正 Shaply 值法，后续可以进一步研究不同模型下的利益分配方案赋予不同的权重，取一种折中的综合利益分配方案，协调协商不一致的情况。进一步探讨如何实现产业链合作企业自身利益最大化。只有产业链各主体企业利益最大化，才能实现产业链的有效衔接，促进产业链的健康发展。

（2）本节构建了装配式建筑产业链可靠性评估指标体系，并计算了各指标对产业链可靠性的影响程度，在产业链可靠性事后评价中，运用 GO 法计算了装配式建筑产业链系统的可靠性。在进一步的研究中，可将两者结合，即将可靠性指标的影响程度反映在产业链可靠性评价系统中。

（3）在已有研究的基础上，可以进一步拓展装配式建筑产业链可靠性的模型建立、算法研究和仿真研究，将装配式建筑产业链节点企业利润最大化作为优化目标，以可靠性、成本等为约束条件，建立多目标优化模型，并能进行仿真研究。

参 考 文 献

[1] 段瑞佳，李卫东，刘美霞. 我国装配式建筑产业链完善路径分析 [J]. 建设科技，2017（19）：44-46，62.

[2] 王桂林. 产业链视角下装配式建筑的效益分享机制研究 [D]. 南京：东南大学，2018.

[3] 虞向科. 英国装配式建筑发展与经验借鉴 [J]. 住宅产业，2017（6）：31-36.

[4] 高阳. 新加坡装配式建筑发展状况与启示 [J]. 住宅产业，2017（9）：10-18.

[5] 菅卿珍. 绿色建筑产业链构建与运行机制研究 [D]. 天津：天津城建大学，2014.

[6] Marshall A. Principles of Economics [M]. London：Macmillan，1920：1877-1890.

[7] Bain J S. Industrial Organization [M]. New York：John Wiley，1959.

[8] Albert O Hirschman. 经济发展战略 [M]. 北京：经济科学出版社，1991：38-42.

[9] Houlihan J B. International supply chains：a new approach [J]. Management Decision，1988，26（3）：13-19.

[10] Stevens，Graham. Integrating the Supply Chain [J]. International Journal of Physical Distribution and Material Management，1989（19）：3-8.

[11] A. Harrison. Just-in-time Manufacturing in Perspective [M]. London：Prentice Hall London，1992：150-155.

[12] 刘贵富. 产业链基本理论研究 [D]. 长春：吉林大学，2006.

[13] 龚勤林. 区域产业链研究 [D]. 成都：四川大学，2004.

[14] 菅卿珍. 绿色建筑产业链构建与运行机制研究 [D]. 天津：天津城建大学，2014.

[15] Barkema A，Drabenstott M，Welch K. The Quiet Revolution in the U. S. Food Market [J]. Economic Review，2007，76：25-41.

[16] Yuanita Handayati，Togar M Simatupang，Tomy Perdana. Agri-food supply chain coordination：the state-of-the-art and recent developments [J]. Logistics Research，2015，8（1）：1-15.

[17] 段文吉. 基于合作博弈视角的装配式建筑产业链利益分配研究 [D]. 南昌：南昌航空大学，2019.

[18] X Xue，D X Li，P Q Shen，et al. An agent based framework for supply chain coordination in construction [J]. Automation in construction，2005，14（3）：413-430.

[19] Ofori G. Greening the construction supply chain in singapore [J]. European journal of purchasing and supply management，2000，6（3）：195-206.

[20] Koolwijk. Jelle Simon Jowan. Collaboration and Integration in Project-Based Supply Chains

in the Construction Industry [J]. Journal of Management in Engineering, 2018, 34 (3): 1-13.

[21] Sertyesilisik B. Embending Sustainability Dynamics in the Lean Construction Supply Chain Management [J]. Nephron Clinical Practice, 2016, 4 (1): 60-78.

[22] Johnny Kwok Wai Wong, Jackson Kit San Chan, Mesthrige Jayantha Wadu. Facilitating Effective Green Procurement in Construction Projects: An Empirical Study of the Enablers [J]. Journal of Cleaner Production, 2016, 135: 859-871.

[23] Behera Panchanan, Mohanty R P, et al. Understanding construction supply chain management [J]. Production Planning & Control, 2016, 26 (16): 1332-1350.

[24] Kundu K, Staudacher A P. Lean Thinking and E-Commerce as New Opportunities to Improve Partnership in Supply Chain of Construction Industries [J]. World Academy of Science, Engineering and Technology, International Journal of Social, Behavioral, Educational, Economic, Business and Industrial Engineering, 2015, 9 (11): 3467-3477.

[25] Vito Albino, Umberto Berardi. Green Buildings and Organizational Changes in Italian Case Studies [J]. Business Strategy and the Environment, 2012, 21 (6): 387-400.

[26] Jack C P Cheng, Kincho H Law, Hans Bjornsson, et al. Modeling and monitoring of construction supply chains [J]. Advanced Engineering Informatics, 2010 (4): 435-455.

[27] M Agung Wibowo, Moh Nur Sholeh. The analysis of supply chain performance measurement at construction project [J]. Procedia Engineering, 2015 (125): 25-31.

[28] Geoffrey H Briscoe, Andrew R J Dainty, Sarah J Millett, et al. Client-led strategies for construction supply chain improvement [J]. Construction Management and Economics, 2004, 22 (2): 193-201.

[29] Ville Hinkka, Jaakko Tätilä. RFID tracking implementation model for the technical trade and construction supply chains [J]. Automation in Construction, 2013, 35: 405-414.

[30] Altaf Mohammed Sadiq, Bouferguene Ahmed, Liu Hexu. Integrated production planning and control system for a panelized home prefabrication facility using simulation and RFID [J]. Automation in Construction, 2018, 85: 369-383.

[31] Demiralp G, Guven G, Ergen E. Analyzing the benefits of RFID technology for cost sharing in construction supply chains: A case study on prefabricated precast components [J]. Automation in Construction, 2012, 24: 120-129.

[32] Du Juan, Sugumaran Vijayan, Gao Bonan. RFID and Multi-Agent Based Architecture for Information Sharing in Prefabricated Component Supply Chain [J]. IEEE ACCESS, 2017,

5：4132-4139.

[33] Li Zhengdao, Shen Geoffrey Qiping, Xue Xiaolong. Critical review of the research on the management of prefabricated construction [J]. Habitat Inernational, 2014, 43：240-249.

[34] Javier Irizarry, Ebrahim P Karan, Farzad Jalaei. Integrating BIM and GIS to improve the visual monitoring of construction supply chain management [J]. Automation in Construction, 2013 (31)：241-254.

[35] Ani Saifuza Abd Shukor. Towards Improving Integration of Supply Chain in IBS Construction Project Environment. Procedia-Social and Behavioral Sciences, 2016 (222)：36-45.

[36] Kim Y W, Han S H, Yi J S, et al. Supply chain cost model for prefabricated building material based on time-driven activity-based costing [J]. Canadian Journal of Civil Engineering, 2016, 43 (4)：287-293.

[37] 赵媛媛. 内蒙古乳业产业链可持续发展能力评价研究 [D]. 北京：华北电力大学, 2016.

[38] 陈艳红. 黑龙江省稻米优质优价产业链整合研究 [D]. 哈尔滨：东北农业大学, 2014.

[39] 丁雄. 生态农业产业链系统协调与管理策略研究 [D]. 南昌：南昌大学, 2014.

[40] 张贺. 基于合作博弈视角的肉牛产业链利益分配机制研究 [D]. 长春：吉林农业大学, 2015.

[41] 李建雄. 市场经济条件下我国畜牧业生产组织的创新研究 [D]. 北京：中国社会科学院研究生院, 2016.

[42] 李琴. 新能源汽车产业链垂直整合战略的绩效评价 [D]. 昆明：云南财经大学, 2017.

[43] 李文辉. 新能源汽车产业链构建研究 [D]. 郑州：郑州大学, 2012.

[44] 张会娟. 电价引导下电力产业链综合节能优化模型研究 [D]. 北京：华北电力大学, 2014.

[45] 张海霞, 孙旭. 我国光伏产业链失衡现状及优化路径 [J]. 福建商学院学报, 2017 (1)：19-26, 54.

[46] 袁艳平. 战略性新兴产业链构建整合研究——基于光伏产业的分析 [D]. 成都：西南财经大学, 2012.

[47] 张涛, 贺昌政. 基于产业价值链的建筑业上游项目研究 [J]. 现代管理科学. 2008 (78)：9-13.

[48] 张静, 于茜薇, 余民久. 建筑产业链的信息化新方向 [J]. 土木建筑工程信息技术, 2012, 4 (1)：101-105.

[49] 王兵．建筑行业的产业链合作迫在眉睫［N］．中华建筑报，2011，11.19.

[50] 王禹杰，高雪垠．建筑供应链信息协同管理研究［J］．四川建材，2017，43（2）：
209-210.

[51] 王红春，刘帅．大数据环境下建筑供应链采购模型及仿真研究［J］．工程管理学
报，2017，31（6）：11-16.

[52] 祁萍，李建峰．基于房地产供应链管理的合作伙伴选择策略及流程研究［J］．价值
工程，2015，34（9）：32-33.

[53] 陶盈盈．基于共生理论的绿色建筑产业链构建及稳定性研究［D］．青岛：青岛理工
大学，2016.

[54] 刘戈，訾卿珍．基于循环经济的绿色建筑产业链构建及发展研究［J］．生态经
济（学术版），2014，30（1）：254-257，261.

[55] 罗进，龚延风，黄艺．绿色建筑产业链及其社会经济效应分析［J］．工程经济，
2017，27（7）：63-65.

[56] 高佩宇，冉琳琳，郭阳，袁勃，益西旺姆．绿色建筑产业链系统模型的构建［J］．
住宅与房地产，2017（21）：14-16.

[57] 张玥，李卫东，刘美霞，等．我国装配式建筑产业链构建和运行机制探讨［J］．住
宅产业，2016（10）：35-40.

[58] 刘戈，訾卿珍．基于循环经济的绿色建筑产业链构建及发展研究［J］．生态经济，
2014，30（1）：254-261.

[59] 高青松．建筑垃圾资源化产业链关键节点及产业发展驱动力研究［J］．生态经济，
2014，30（6）：137-141.

[60] 韩言虎，罗福周．建筑工业化产业链形成的影响因素研究［J］．建筑经济，2017，
38（3）：15-19.

[61] 袁梦琪，张露云．产业链视角下我国住宅产业化发展研究［J］．住宅产业，
2015（Z1）：24-26.

[62] 王英臣，耿潇潇．基于全产业链的住宅产业化发展思考［J］．合作经济与科技，
2017（2）：55-56.

[63] 张巍，王勤．装配式建筑产业链市场主体协作模式研究［J］．建筑经济，2017，
38（9）：10-13.

[64] 方舟．我国住宅产业化利益相关主体协同机制研究［J］．价值工程，2016，
35（12）：245-247.

[65] 李悦．产业链视角下住宅产业化发展阶段及政策研究［D］．泉州：华侨大
学，2017.

[66] 刘平，李启明．基于产业链整合的我国住宅产业化发展思考［J］．建筑经济，

2016，37（7）：69-72.

[67] 李蕾，沈云云. 建筑工业化产业链整合绩效评价体系研究 [J]. 建筑经济，2016，
37（11）：103-108.

[68] 杨仕文，徐霞，王森. 装配式混凝土建筑产业链关键节点及产业发展驱动力研究
[J]. 企业经济，2016（6）：123-127.

[69] 齐宝库，朱娅，刘帅，马博. 基于产业链的装配式建筑相关企业核心竞争力研究
[J]. 建筑经济，2015，36（8）：102-105.

[70] 刘平，李启明. BIM 在装配式建筑供应链信息流中的应用研究 [J]. 施工技术，
2017，46（12）：130-133.

[71] 严景宁. 可持续建设视角下装配式建筑产业链形成机理 [J]. 价值工程，
2018（7）：124-128.

[72] 段文吉. 基于合作博弈视角的装配式建筑产业链利益分配研究 [D]. 南昌：南昌航
空大学，2019.

[73] Thomas M U. Supply chain reliability for contingency operation [C] //Reliability and
maintainability. Annual Reliability and Maintainability Symposium, January, 28-31,
2002, Seattle WA：ETATS-UNIS, 2002：61-67.

[74] So Young Sohn, In Su Choi. Fuzzy QFD for supply Chain Management with Reliability
Consideration [J]. Reliability Engineering and System Safety, 2001（72）：327-334.

[75] Dave Luton. Inventory Accuracy：An overlooked component of supply chain reliability
[J]. Materials Management and Distribution, 2004, 49（7）：71-73.

[76] Saeed K. Trend forecasting for stability in supply chains [J]. Journal of Business
Research, 2008, 61（11）：1113-1124.

[77] Nieuwenhuyse I V, Vandaele N. The impact of delivery lot splitting on delivery reliability
in a two-stage supply chain [J]. International journal of production economics, 2006,
104（2）：694-708.

[78] Arvis J F, Raballand G, Marteau J F. The cost of being landlocked：logistics costs and
supply chain reliability [J]. Social Science Electronic Publishing, 2007, 28（2）：1-
81（81）.

[79] Yang F N. Selecting a portfolio of suppliers under demand and supply risks [J]. Operations
Research, 2008, 56（4）：916-936.

[80] 刘元洪，罗明. 供应链成员企业可靠性评价指标体系研究 [J]. 商业研究，
2007（4）：120-123.

[81] 霍佳震，隋明刚，刘仲英. 集成化供应链整体绩效评价体系构建 [J]. 同济大学学
报（自然科学版），2002，30（4）：64-66.

［82］ 穆东．供应链系统的复杂性与评价方法研究［M］．北京：清华大学出版社，2010．

［83］ 王雪梅．基于 GO 法的生鲜农产品供应链可靠性研究［D］．南京：南京林业大学，2012．

［84］ 赵宏霞，杨皎．供应链的可靠性管理研究［J］．现代管理科学，2007（3）：55-57．

［85］ 李晴晴．供应链可靠性理论研究综述［J］．中国市场，2015（33）：28-29，31．

［86］ Inneke Van Nieuwenhuysea, Nico Vandaele. The impact of delivery lot splitting on delivery reliability in a two-stage supply chain［J］. International journal of production economics, 2006, 104: 694-708.

［87］ Hans-Peter Wlendahl, Gregor von Cleminskf, Carsten Begemann. A Systematic Approach for Ensuring the Logistic Process Reliability of Supply Chains［J］. CIRP Annals-Manufacturing Technology, Volume 52, Issue 1, 2003（1）：375-380.

［88］ Ruslan Klimov, Yuri Merkuryev. Simulation model for supply chain reliability evaluation［J］. Technological and Economic Development of Economy, 2010, 14（3）：300-311.

［89］ 曾峰，李夏苗．基于层次分析法的供应链可靠性分析［J］．物流技术，2005（10）：44-47．

［90］ 刘元洪，罗明，刘仲英．供应链可靠性管理［J］．现代管理科学，2005（5）：15-16．

［91］ 赵宏霞，杨皎平．供应链的可靠性管理研究［J］．现代管理科学，2007（23）：55-57．

［92］ 王玮，范世东．基于可靠性的供应链管理策略［J］．武汉理工大学学报（信息与管理工程版），2009，31（2）：326-328，350．

［93］ 田贵良，许长新．供应链协调可靠性管理研究［J］．生产力研究，2007（23）：109-112．

［94］ 陈梓杰，徐菱，程园．应急物流供应链可靠性探讨［J］．铁道运输与经济，2009，31（9）：69-71．

［95］ 张凤玲，岑磊．旅游供应链可靠性评价模型分析［J］．商业时代，2010（20）：117，132．

［96］ 陈敬芝．旅游供应链运作模式可靠性的评价指标体系构建［J］．物流技术，2013，32（3）：71-72，98．

［97］ 任书航．可修复供应网络系统的可靠性管理研究［D］．厦门：厦门大学，2009．

［98］ Yuanhong Liu, Belmong Peng. Achieving Robustness Objectives Within a Supply Chain by Means of Rebiability Allocation［D］. Proceedings of 2009 International Symposium on Web Information Systems and Applications（WISA09），2009：210-213.

［99］ John Q, Lesley W. Trading reliability targets within a supply chain using Shapley's value

[J]. Reliability Engineering and Sys-tem Safety, 2007, 92（10）: 1448-1457.

[100] 贺星，孙丰瑞，刘永葆，等. 基于 Hopfield 神经网络的燃气轮机可靠性分配 [J]. 华中科技大学学报（自然科学版），2009，37（6）: 48-51.

[101] Jin F Y, Yu X, Thu H T. Selecting sourcing partners for a make-to-order supply chain [J]. Omega, 2010, 38（3）: 136-144.

[102] Yi K L, Cheng T Y. Optimal carrier selection based on network reliability criterion for stochastic logistics networks [J]. Interna-tional Journal of Production Economics, 2010（2）: 510-517.

[103] Asamoah D, Annan J, Nyarko S. AHP approach for supplier evaluation and selection in a pharmaceutical manufacturing firm in Ghana [J]. International Journal of Business and Management, 2012, 7（10）: 49-62.

[104] Xu N X, Lin N. Modeling supplier selection and the use of option contracts for global supply chain design [J]. Computers & operations Research, 2009, 36（10）: 2786-2800.

[105] Li L, Zabinsky Z B. Incorporating uncertainty into a supplier selection problem [J]. International Journal of Production Economics, 2009（1）: 52-57.

[106] 廖雯竹，潘尔顺，奚立峰. 基于 Tabu 搜索和蚁群算法的系统可靠性分析 [J]. 上海交通大学学报，2008，42（8）: 1291-1295.

[107] 杜凤娥，刘立伟. 系统可靠性优化的离散多目标决策方法 [J]. 系统工程与电子技术，2003，25（7）: 823-825.

[108] 谢将剑，吴俊勇，吴燕. 基于遗传算法的牵引供电系统可靠性建模 [J]. 铁道学报，2009，31（4）: 47-51.

[109] 杨媛，吴俊勇，吴燕，等. 基于可信性理论的电气化铁路接触网可靠性的模糊评估 [J]. 铁道学报，2008，30（6）: 115-119.

[110] Fabian J S, Arnd H. Ensuring responsive capacity: How to contract with backup suppliers [J]. European Journal of Operational Research, 2010, 207（2）: 725-735.

[111] 陈成，薛恒新，张庆民. 基于可靠性的供应链冗余设计及成员重要度分析 [J]. 技术经济，2009，28（3）: 113-118.

[112] 沈祖培，黄祥瑞. GO 法原理及应用———一种系统可靠性分析方法 [M]. 北京：清华大学出版社，2004.

[113] 张根保，陈国华，庞继红，任显林，张淑慧. GO 法在供应链可靠性诊断中的应用 [J]. 重庆大学学报，2010，33（12）: 40-46.

[114] 李阳珍. 基于 GO 法的物流服务供应链可靠性评价 [J]. 北京工业大学学报，2014，40（4）: 555-560.

[115] 李志伟. 基于 GO 法的旅游供应链可靠性研究 [J]. 河北企业, 2018 (3): 62-63.

[116] 蔡超, 刘艳秋, 张颖. 基于 GO 法的多级 LSSC 系统可靠性分析 [J]. 统计与决策, 2019, 35 (12): 75-78.

[117] Brown R E, Gupta S, Christie R D, et al. Distribution system reliability assessment using hierarchical markov modeling [J]. IEEE Transactions On Power Delivery, 1996, 11 (4): 1929-1934.

[118] Phuc Do Van, Anne Barros. Christophe Be renguer. Reliability Importance Analysis of Markovian Systems at Steady State Using Perturbation Analysis [J]. Reliability Engineering and System Safety, 2008 (93): 1605-1615.

[119] 李阳珍, 张喜征. 基于 Markov 过程的物流服务供应链可靠性分析 [J]. 重庆交通大学学报 (自然科学版), 2012, 31 (4): 895-899.

[120] 周红, 李萧, 钱存华. 基于马尔可夫过程的级联供应链的可靠性分析 [J]. 数学的实践与认识, 2010, 40 (9): 158-163.

[121] 朴星宇. 基于马尔可夫过程的长吉图物流系统的可靠性分析 [D]. 延吉: 延边大学, 2013.

[122] Nandakishore L V. Bayesian estimation for pair wise Markov chains in signal processing [J]. Int Journal of Statistics and Systems, 2009, 4 (1): 63-66.

[123] 李恩平, 葛兰, 董国辉, 樊利娜. 基于贝叶斯网络的供应链可靠性诊断分析 [J]. 物流技术, 2010, 29 (17): 96-99.

[124] 张文斌. 基于贝叶斯网络的多式联运可靠性分析及路径选择研究 [D]. 兰州: 兰州交通大学, 2017.

[125] 蔡超, 刘艳秋. 基于模糊贝叶斯网络的物流服务供应链系统可靠性分析 [J]. 中国流通经济, 2018, 32 (4): 49-58.

[126] 白晓平, 刘兵方. 基于贝叶斯-GO 综合法的快递配送系统可靠性研究 [J]. 工业工程, 2019, 22 (4): 23-30, 48.

[127] 陈成, 薛恒新. 供应链可靠性管理研究综述与展望 [J]. 中国制造业信息化, 2011, 40 (19): 1-7, 10.

[128] 王伟. 不确定环境下 HXD3D 电力机车供应链可靠性研究 [D]. 大连: 大连理工大学, 2015.

[129] Schoenig R, Aubry J F, Cambois T, et al. An aggregation method of Markov graphs for the reliability analysis of hybrid systems [J]. Reliability Engineering and System Safety, 2006, 91 (2): 137-148.

[130] 王冬冬, 达庆利. 基于模糊 Petri 网的供应链诊断建模分析 [J]. 东南大学学

报（自然科学版），2006（4）：662-666.

[131] 李阳珍．基于随机 Petri 网的物流服务供应链可靠性计算方法［J］．西南民族大学学报（自然科学版），2015，41（6）：778-783.

[132] 任大勇．用直觉模糊 Petri 网构建的供应链可靠性诊断模型［J］．计算机工程与应用，2017，53（5）：260-265，270.

[133] 任大勇．供应链可靠性诊断的随机 Petri 网模型及算法研究［J］．渭南师范学院学报，2018，33（20）：28-38.

[134] 李巍，花冰倩．合作博弈框架下产学研协同创新的利益分配策略研究——社会网络分析视角［J］．商业研究，2016，62（9）：39-45.

[135] 李颖，李峰，邹宇，等．预制装配式混凝土建筑施工安全和质量评估［J］．建筑技术，2016（4）：305-309.

[136] 李德智，王桂林．叠合板制造阶段的碳排放度量方法及实证研究［J］．建筑经济，2017，38（2）：87-90.

[137] 李伟，牛雪玲，李洪义．住宅产业价值链的价值创造路径与机理研究——基于新型建筑工业化背景［J］．建筑经济，2015（1）：99-102.

[138] 李小冬，王帅，孔祥勤，等．预拌混凝土生命周期环境影响评价［J］．土木工程学报，2011（1）：132-138.

[139] 刘玮龙．轻钢装配式住宅的设计与应用研究［D］．济南：山东大学，2012.

[140] 刘光忱，杨丹宁，刘明策．建筑产业现代化发展路径研究——以辽宁省为例［J］．建筑经济，2018（2）：15-17.

[141] 刘亚楠，杨柯红，王亚利．浅析 BIM 技术在装配式建筑中的应用［J］．价值工程，2017（29）：204-205.

[142] 单英华．面向建筑工业化的住宅产业链整合机理研究［D］．哈尔滨：哈尔滨工业大学，2015.

[143] 吴金明，邵昶．产业链形成机制研究——"4+4+4"模型［J］．中国工业经济，2006（4）：36-43.

[144] 张新香．虚拟企业合作伙伴选择三阶段模型及方法研究［J］．管理评论，2011，23（3）：107-111.

[145] 金虓寅．ZJ 建筑设计院项目管理优化策略研究［J］．上海外国语大学，2018：17-26.

[146] 谢君，胡容兵．供应链的合作伙伴选择方法综述［J］．价值工程，2005（1）：43-46.

[147] 邵良杉，佟泽华，韩春花．AHP 法虚拟企业合作伙伴选择［J］．辽宁工程技术大学学报，2005（2）：214-217.

[148] 黄小艳. 运筹学和数学综合评价方法研究综述 [J]. 企业改革与管理, 2015 (9): 145-146.

[149] 司守奎. 数学建模算法与应用 [M]. 北京: 国防工业出版社, 2011.

[150] 杨昌昊, 张琢. 基本蚁群算法在解决 TSP 问题中参数选择的研究 [J]. 网络安全技术与应用, 2018 (5): 26-28.

[151] 陈功玉, 王珍珍. 虚拟企业供应链利益分配研究综述 [J]. 重庆工商大学学报 (社会科学版), 2009, 26 (5): 35-44.

[152] 廖奇云, 王凯. 基于 Shapley 修正的房地产合作开发模式利益分配研究 [J]. 建筑经济, 2017, 38 (4): 91-95.

[153] 何立华, 杨然然, 马芳丽. 基于 Shapley 值的绿色建筑合同能源管理收益分配 [J]. 工程管理学报, 2016 (6): 12-16.

[154] 余振养. 服装全产业链利益分配问题的 Shapley 值法分析 [J]. 2015 (46): 276-277.

[155] 姚冠新, 刘玲玲. 基于修正 Shapley 值法的配送中心动态联盟利益分配研究 [J]. 科技与管理, 2010, 12 (3): 23-25, 39.

[156] 胡盛强, 张毕西, 关迎莹. 基于 Shapley 值法的四级供应链利润分配 [J]. 系统工程, 2009 (9): 49-54.

[157] 戴建华, 薛恒新. 基于 Shapley 值法的动态联盟伙伴企业利益分配策略 [J]. 中国管理科学, 2004, 12 (4): 33-36.

[158] 李靓, 刘征驰, 周堂. 基于 Shapley 值修正算法的联盟企业利润分配策略研究 [J]. 技术与创新管理, 2009, 30 (6): 746-749.

[159] 喻天舒, 李华祥. 基于 Shapley 值的 PPP 项目利益分配研究 [J]. 中国房地产, 2017 (15): 33-41.

[160] 马士华, 王鹏. 基于 Shapley 值法的供应链合作伙伴间收益分配机制 [J]. 工业工程与管理, 2006, 11 (4): 43-45, 49.

[161] 于景起. 基于 Shapley 值的 PPP 项目利益相关者收益分配研究 [D]. 天津: 天津大学, 2014.

[162] 王肖文. 装配式住宅供应链整合管理研究 [D]. 北京: 北京交通大学, 2016.

[163] 韩同银, 杜命刚, 尚艳亮, 侯永康. 产业化趋势下装配式建筑发展策略研究 [J]. 铁道工程学报, 2020, 37 (7): 106-112.

[164] 刘伟, 江振松. 基于系统动力学的装配式建筑产业发展研究 [J]. 华东交通大学学报, 2021, 38 (2): 8-16.

[165] 赵月溪. 装配式建筑发展制约因素与影响路径研究 [D]. 西安: 西安建筑科技大

学，2020.

[166] 杨俊.装配式建筑成本效益综合评价研究［D］.青岛：青岛理工大学，2020.

[167] 楼姣.装配式建筑产业链构建及其评价研究［D］.杭州：浙江大学，2020.

[168] 韩笑.基于层次分析法的宏观经济指标可靠性评价［J］.微型电脑应用，2021，
37（6）：34-37.

[169] 毛慧敏.基于熵权法 TOPSIS 模型的房地产企业财务风险评估［J］.中国市场，
2021（16）：156-159，171.

[170] 张婧，沈良峰，张微巍，朱安娜.建筑工业化背景下建筑企业商业模式创新影响
因素分析［J］.科技和产业，2020，20（12）：72-78.

[171] 徐赞，谢培才.基于"4M1E"影响因素的敞开式 TBM 快速掘进保障措施［J］.
隧道建设，2014，34（6）：569-575.

[172] 李瑶，喻姣花，金环.基于决策试用和评估实验室分析法对身份识别错误的风险
因素分析［J］.护理研究，2017（5）：36-39.

[173] 黄小忠，谢贤平.矿井通风系统安全可靠性评价研究［J］.中国锰业，2017，
35（1）：141-143.

[174] 李术才，贺鹏，李利平，等.隧道岩质围岩亚级分级可靠度分析方法及其工程应
用［J］.岩土力学，2018，39（3）：967-976.